경제학에서 건져 올리는
부의 기회

OKUMANCHOUJA HENO MICHI WA KEIZAIGAKU NI KAITEARU
© KEIICHI KAYA 2018
Originally published in Japan in 2018 by CROSSMEDIA PUBLISHING CO., LTD., TOKYO,
Korean translation rights arranged with CROSSMEDIA PUBLISHING CO., LTD., TOKYO,
through TOHAN CORPORATION, TOKYO, and EntersKorea Co., Ltd., SEOUL.

THE ROAD TO RICHES IS FOUNDED IN ECONOMICS

경제학에서 건져 올리는 부의기회

부를 움켜쥘 기회는 경제학에서 나온다

가야 게이이치 지음 | 박재영 옮김

센시오

경제학자 케인스는
어떻게 주식으로
수백 억을 벌었을까?

혹시 '양적 완화 정책'이나 '재정 정책'에 대해 들어보았는가? 만약 당신이 양적 완화 정책의 구조나 재정 정책의 효과를 알았다면, 100억 원을 벌었을 것이다.

너무 과장된 이야기라고 생각하는 사람들도 있겠지만, 위의 경우에 해당하는 사람들은 분명히 존재한다. 실제로 경제학 지식이 있던 사람들은 트럼프 시세나 아베노믹스 시세 때 발 빠르게 움직여 상당히 높은 수익을 거두었다.

이 책의 주제는 바로 '경제학' 지식을 이용해 '이익'을 얻는 것이다.

대부분의 사람들은 '경제학'과 '수익'이 그리 관련이 없다고 생각한다. 개인투자자들에게 물어보면 대부분은 '실제 투자에 경제학 이론은 그리 쓸데가 없다'고 잘라 말할 것이다. 반대로 경제학을 공부하는 이들에게 물어보면 '경제학은 말 그대로 학문이라서 투자 개념으로 접근하면 안 된다'고 말할 확률이 크다.

그러니까 경제학을 공부하는 사람과 실제 투자자들은 서로 다른 종류의 사람들이라는 이야기인데, 정말 그럴까? 나는 결코 그렇게 생각하지 않는다.

나는 직업이 경제평론가라서 주로 경제나 비즈니스에 관한 칼럼을 쓰거나 미디어에 논평을 싣는 일을 한다. 그런데 나에게는 또 다른 직함이 하나 있으니, 바로 개인투자자다.

실제로 나는 경제 평론을 하는 한편 개인투자가로서 억 단위의 주식 및 채권 투자를 일상적으로 하고 있다. 이때 시장에 대한 진단은 당연히 경제평론가로서 경제를 분석한 결과를 바탕으로 한다.

내 머릿속에서 거시경제를 분석하는 일과 앞으로 상장할 법한 주식 종목을 찾는 일은 서로 완전히 일치한다. 물론 경제를 이해했다고 해서 어느 종목이 상장할지 정확하게 예측할 수는 없다. 그러나 투자라는 것은 무엇보다 '시기'가 중요한 일이다. 시장 전체의 움직임을 알면 승률이 눈에 띄게 올라간다. 바로 이 부분에서 거시경제의 지식은 매우 유용하다.

경제학과 투자가 서로 연결이 잘 안 되는 이유는 아마도 경제학이 너무 딱딱하고 어려운, 전문가들의 분야라는 인상을 주기 때문일 것이다. 그러나 실상 경제학은 우리가 늘 사용하는 '돈'에 관한 학문이다. 다만 경제학 용어들이 너무 추상적이어서 현실 속의 경제 활동과 결부하기가 힘들 뿐이다.

나는 이 사실이 너무 안타깝다. 돈에 관한 학문인 경제학이 투자에 쓸모없을 리가 없다. 애써 경제학을 배워놓고도 그냥 이론 암기만으로 그친다면, 그처럼 재능을 낭비하는 일도 또 없을 것이다.

영국의 위대한 경제학자 존 메이너드 케인스((John Maynard Keynes)는 개인투자가로도 이름을 떨친 인물이다. 그는 학술 연구를 하는 한편으로 적극적으로 주식 투자를 해서 지금의 화폐 가치로 따졌을 때 수백 억 원의 자산을 만들었다. 케인스를 뛰어넘기란 힘들겠지만, 평범한 우리들도 경제학을 이해하려는 노력을 조금만 기울인다면 그 지식을 현실 속 투자나 비즈니스에 활용하여 놀라운 효과를 거둘 수 있을 것이다.

이 책은 총 다섯 장으로 구성되어 있다.

서장에서는 경제학과 시장 동향의 관계에 대해 설명했다. 경제학의 기초적인 지식으로 어떻게 큰 수익을 거둘 수 있는지, 그 이유와 방법에 대해서도 이야기한다.

1장부터 4장까지는 각각 경제학의 기본 개념을 정리했다. 먼저 경제학의 기초 지식을 설명하고, 이를 실전 투자에 응용하여 풀어내는 방식으로 구성했다.

1장은 경제학의 기초가 되는 GDP에 관한 장이다. GDP의 움직임을 통해 시세를 예측하는 법을 이야기한다.

2장에서는 거시 경제 속에서 중요한 위치를 차지하는 IS-LM 분석을 다뤘다. 이 항목을 이해하면 경제 정책이 가져오는 효과에 대해 다양한 측면을 논리적으로 예상할 수 있을 것이다.

3장에서는 물가 동향을 다룬다. 물가가 상하 변동하며 경제에 어떤 영향을 미치는지, 단기적인 영향과 장기적인 영향은 각각 어떻게 다른지도 설명한다.

4장은 국제 수지를 주제로 한다. 뉴스에 흔히 나오는 경영 적자나 흑자가 현실 투자와는 어떤 관계가 있는지 살펴보고 나라 간의 무역 전쟁과 그 여파에 대해서도 생각해본다.

투자는 어떤 의미에서 '실패'와의 싸움이다.

장기적으로 봤을 때 경제나 주가는 기본적으로 성장곡선을 그린다. 그렇기 때문에 중요한 순간에 실수나 실패를 하지 않는다면 높은 확률로 자산을 늘릴 수 있다.

짧은 기간 동안 시장은 다양한 움직임을 보이지만 오랜 시간 축을 놓고 보았을 때는 대체로 경제학의 기본 원칙에 따라 움직인다. 물론 경제는 살아 있는 존재라서 때때로 예상 밖의 사태가 벌어지기도 한다. 특히 최근에는 세계 경제에 대해 불투명한 전망이 쏟아지고 있는데 이런 때일수록 경제학 지식은 우리가 의지하고 참고할 대상이 된다.

만약 경기에 큰 변동이 발생했다면 심호흡을 한 번 하고 이 책을 다시 읽어보기 바란다. 이 책 속 어딘가에는 다음에 취해야 할 행동에 대한 힌트가 반드시 있을 것이다.

경제학의 기초 지식은 우리가 실패하지 않기 위해 꼭 알아두어야 할 가이드라인이자, 최종적으로 큰 이익을 확보하도록 돕는 효율적인 수단이다.

모쪼록 이 책을 읽는 독자들이 경제학이라는 이론의 세계와 투자라는 실전 세계를 현명하게 접목하여, 꿈꾸던 목표에 도달할 수 있기를 바란다.

차례

Preface
서장 **경제학으로 돈 벌기, 누구나 가능하다**

왜 누군가는 부자가 되고, 누군가는 부러워만 하는가?

chpater 1

경제를 알려면 먼저 GDP부터

시세를 읽는 이들은
GDP 기반으로 사고한다

chpater 2

투자의 핵심, '금리' 이해하기

경기가 좋아질 것인가, 악화될 것인가는
여기에 달렸다

chpater 3

'물가'로 정해지는 부의 기회

주가의 미래를 점치는 두 가지 곡선

chpater 4

해외투자? 무역 상식이 절반이다

외환 투자에 꼭 필요한 '화폐 교양'

Preface
서장

경제학으로 돈 벌기,
누구나 가능하다

왜 누군가는
부자가 되고
누군가는
부러워만 하는가?

경제학을 알면
누구나 주가를 예측할 수 있다

자, 이 책을 본격적으로 읽기 전에 먼저 아래의 차트를 보기 바란다. 이 차트는 과거 20년 동안의 니케이 평균 주가와 일본의 명목GDP 추이를 나타낸 것이다.

니케이 평균 주가와 GDP의 동향은 거의 일치한다

니케이 평균 주가는 대부분의 기간 동안 GDP 동향과 일치한다. 이 차트를 보고 여러분은 어떻게 느꼈는가? 당연한 현상이라 생각하는가, 아니면 의외라고 생각하는가?

앞에서 사용한 명목GDP란, 국내총생산(GDP, Gross Domestic Product)을 해당 시점의 가격으로 평가한 것으로 분기당 한 번만 발표되므로, 니케이 평균 지수 역시 여기에 맞추어 월봉 차트 3개월분의 평균치를 사용했다. 차트를 보면 니케이 평균과 GDP는 2002년부터 2003년 사이에 잠시 간격이 벌어진다. 이때는 일본에 금융 위기가 닥치기 일보 직전이어서 은행이 도산한다는 등의 소문이 떠돌던 시기였다. 그러니 사람들이 보유한 주식을 한꺼번에 매도할 만한 이유가 충분했다. 이런 특수 요인을 제외하면, 차트에서 주가와 GDP의 동향은 기본적으로 일치한다는 것을 확인할 수 있다.

만약 이 차트의 흐름을 당연하다고 생각했다면, 그 사람은 둘중 하나일 것이다. 투자 경험이 빈약한 초보거나, 혹은 베테랑 투자가거나. 그렇지 않고 경험이 어느 정도 되는 사람이라면 아마도 '뭔가 좀 의외인데?'라고 느꼈을 것이다.

사람들은 흔히 주가라는 것이 경제 동향과는 큰 상관없이 움직인다고 생각한다. 그래서 실전 투자에 경제 공부는 별 도움이 안 된다고 여긴다. 물론 경제학을 이해했다고 해서 그것만으로 성공적인 투자를 할 수 있다는 이야기는 아니다.

다만 경제학은 세상에서 제품이나 서비스가 어떻게 제공되고 소비되는가, 또 그 대가로 돈이 어떻게 도는가 하는 전체상을 보여준다. 주가 지수란 결국 산업계 전체의 동향을 반영하는 것이므로, 크게 보면 주가는 대부분 거시경제의 동향과 일치하는 결과로 이어진다.

그렇다면 GDP 정보를 이용해서 주가를 예상할 수 있을까?

어느 정도라면 가능하다. 기업의 설비 투자를 예로 들어보자.

경제학에서는 돈을 지출하는 행위를 두 가지로 분류한다. 하나는 소비, 또 하나는 투자(설비 투자)다. 소비와 투자의 차이에 대해서는 뒤에서 자세히 설명하겠지만 대략적으로 말하자면, 설비 투자란 앞으로 돈을 만들어내기 위해서 공장이나 점포 등의 생산 설비에 돈을 들이는 행위를 뜻한다. 기업이 설비 투자를 늘리는 시기는 곧 경기 전망이 밝다고 예상될 때다.

그렇기에 설비 투자는 경제의 선행 지표가 된다.

기업의 예측이 늘 맞다고는 할 수 없지만 거시경제의 측면에서 보자면, 설비 투자액이 증가한 이후 평균 주가 지수가 상승할 확률은 꽤 높다고 할 수 있다. 다시 말해 GDP의 설비 투자 동향을 좇으면 이후의 기업 실적이나 주가 동향을 어느 정도 예측할 수 있다는 이야기다.

투자란 무엇보다
'시나리오'가 중요한 일

아베 정권의 출범 전후로 시작된 아베노믹스(유동성 확대를 통해 디플레이션에서 벗어나겠다는 아베 신조 일본 총리의 경기부양책을 말한다-옮긴이)는 수많은 주식 부자를 만들어냈다. 물론 여기에 속하지 않은 이들도 상당수일 테지만, 나는 아베노믹스 관련 시세로 큰 이익을 올린 쪽에 속한다. 이는 결코 우연이 아니다. 거시경제 이론을 알면 주가가 오르기 전에 투자를 끝내는 것이 그리 어려운 일은 아니기 때문이다.

양적 완화 정책을 중심으로 한 아베노믹스는 실제로 썩 좋은 정책이라고 할 수 없다. 그러나 '소문에 사고 뉴스에 팔라'는 증시 격언도 있듯이, 이러한 정책은 그 자체로 시장 참가자의 기대치에 중요한 영향을 미친다.

즉, 아베노믹스가 출범할 때 투자자들은 앞으로 어떤 정책이 실행되고 그에 따라 어떤 현상이 벌어질 것인가 하는 나름의 이론을 전개한다. 이때 수많은 사람들이 똑같은 생각을 할 것이고, 그 결과 주가는 현실보다 더 먼저 움직이기 시작한다.

중요한 것은 양적 완화 정책이 지니는 경제적인 의미다.

경제가 움직인 후에 투자하면 늦는다

양적 완화 정책은, 은행이 적극적으로 국채 등의 자산을 매입해서 시장에 돈을 대량으로 공급하는 정책이다. 이렇게 돈이 단기간에 대량으로 풀리면 시장에는 인플레이션이 발생하지 않을까 하는 기대감이 조성된다. 인플레이션의 기대가 높아지면 주가와 부동산 가격이 상승하여 이것이 소비를 자극한다. 또한 인플레이션에 대한 높은 기대는 실질금리를 인하하는 효과도 동반한다. 실질금리는 명목금리에서 기대 인플레이션(경제 주체들이 예상하는 미래의 물가상승률-옮긴이)을 뺀 수치이기 때문이다 (실질금리는 일종의 체감 금리로, 대출 받는 사람이 실제로 부담하는 금리를 나타낸다. 외부로 표현되는 명목금리에서 물가상승률을 뺀 것이 곧 실질금리다-옮긴이).

경제학 이론에서는 금리가 떨어지면 기업의 설비 투자가 증가한다고 간주한다. 양적 완화 정책의 골자는, 시중에 자금을 대량으로 공급해서 실질금리를 낮추고 설비 투자를 촉진해 경제를 성장시킨다는 것이다.

여기서 설명한 양적 완화 정책의 핵심은 두 가지다. 화폐가 대량으로 공급되면 인플레이션이 발생한다. 그리고 기대 인플레이션 비율이 높아지면 실질금리가 떨어져서 투자가 늘어난다. 이는 명백한 경제학 '이론'이다. 실제 주가나 부동산 가격, 기업의 설비 투자가 어떻게 움직이는가와는 별개로, 거시경제 이론상 주가가 상승하고 설비 투자가 증가하리라는 것을 우리는 확실히 예상할 수 있다. 양적 완화 정책의 시행 전후로 해외 투자가들이 일본 주식을 가정 먼저 사들인 데도 이런 이론적인 배경이 작용했다.

다시 강조하지만, 주식은 경제의 선행 지표다. 실제 경제가 움직인 후에 투자하면 너무 늦다. 경제가 움직이기 전에 미리 예상하고 앞지르는 것이 가장 중요하다.

그런 점에서 양적 완화와 같은 정책은 투자자 입장에서 아주 고마운 요건이 된다. 정책의 내용이 거시경제 이론에 정확히 들어맞으며, 따라서 주가나 환율이 어떻게 움직일 것인지 시나리오를 세우기 쉽기 때문이다.

시나리오는 전문적인 투자가들에게 상당히 중요하다. 이론을 기초로 한 시나리오가 확고하면, 실제 주가 동향이 예상을 벗어나더라도 즉시 수정할 수 있기 때문이다. 논리가 명확해야만 주가가 예상과 다른 움직임을 보일 때 투자를 계속할지, 아니면 바로 철수할지 즉각 판단할 수 있다.

양적 완화 정책의 경우 거시경제적으로 확실한 계획을 내세우는 정책이며, 수많은 투자자들이 똑같은 시나리오를 세우리라는 것을 예상할 수 있었다. 그래서 정책이 나온 직후부터 투자자들이 시장에 쇄도한 것이다.

주가가 오르기 시작하면 이번에는 한발 느린 투자자들이 참전해 주가를 더욱 밀어 올린다. 초기에 투자한 이들은 그 사이 주식을 팔고 빠질 수 있으며, 떨어질 위험을 떠안지 않고 충분한 자본 수익을 얻을 수 있다. 양적 완화 정책이 시작되는 시기에 주식을 사들이지 않는다는 건, 거시경제 이론을 아는 사람에게는 말도 안 되는 일이리라.

순환 지표를 읽으면
성공 포인트가 보인다

경기는 순환한다는 특징이 있으며 이는 GDP를 통해 확인할 수 있다. GDP는 기업의 생산 동향이나 가계 지출 등 다양한 지표로 구성되는데, 이 지표들을 꼼꼼히 분석하면 경기가 순환적으로 움직인다는 것을 이해할 수 있다.

투자자는 가치판단을 하지 않는다

경제 지표를 상세하게 분석한다는 것은 상당히 까다로운 작업이다. 다행히도 다양한 전문 기관들이 각종 지표를 종합하여 지수를 책정하고 있어서 이 지수의 움직임을 살펴보면 경제 동향을 상당한 수준까지 파악할 수 있다.

다음의 표는 경제협력개발기구(OECD)가 작성한 일본의 경

기 동향을 나타낸 것이다. 이것을 보면 경기는 순환적으로 움직이며 주가와 연동한다는 사실을 알 수 있다.

경기 지수를 보면, 양적 완화 정책이 시작된 2013년 전반기에 급격하게 상승한 것을 볼 수 있다. 하지만 연 후반부터 하락하면서 경기는 제자리걸음을 지속한다. 이에 따라 주가의 상승세도 주춤하여 잠시 휴식기가 찾아온다.

2015년 중반 소비세가 8퍼센트로 오른 후부터 주가는 다시 상승 기조를 이뤘지만, 그 후에는 경기 지수가 하락하여 주가도 1년 동안 신통치 않은 상황을 답보한다.

이 시기에 아베노믹스 초기 단계부터 일본에 투자했던 외국인 투자가들 대부분은 시장에서 철수했다. 외국인 투자가가 아베노믹스를 포기했다는 소식에 일본 내에서는 아베노믹스 찬성파와 반대파가 감정적으로 대립하여 논쟁을 벌였다.

그러나 투자라는 세계에서 감정적인 논쟁은 의미가 없다. 투자가들은 일정한 이익이 발생하면 이를 확정하는 것이 본업이다. 투자를 할 때만큼은 특정 정책이나 정치인에 몰입하거나, 그 자체로 가치판단을 하지 않는다.

앞에서 설명했듯이 거시경제의 구조를 이해한 투자자들은 양적 완화 정책의 시행 전후로 일본 주식에 참전했다. 이들이 투자를 결정할 때 아베 총리라는 인물에 대한 호불호는 아무런 상관이 없었다. 양적 완화 정책이 일본의 실물 경제에 미치는 효과에 대해서도 이들은 그리 관심이 없었다. 그저 거시경제적으로 명확히 이해할 수 있는 정책이 제시되었으므로 거기에 덤벼들었을 뿐이다. 2015년 중반 무렵이 되자 수익은 충분한 상태에 도달했다. 이 시기 경기의 순환 지표를 보면 2013년과는 달라서 수치가 그리 좋지 않다. 이 단계에서 일단 거래를 종료하고 이익을 확정하는 것은 지극히 자연스러운 행동이다.

투자란 실패와의 싸움

일본 경제는 2016년 7월에 바닥을 치고 다시 한 번 순환의 상승 과정에 들어섰다. 지금까지의 움직임을 살펴보면 일본 경제는 약 10개월이라는 기간 동안 상하 변동을 반복했음을 알 수 있다. 한편으로 이 움직임은 세계 경제의 동향과도 밀접하게 연동한다.

2016년 후반부터 일본 주가가 상승하기 시작한 것은 세계 경기가 플러스 국면으로 전환했기 때문이다. 투자자의 입장에서 이 그림을 보고 투자하는 것과, 단순히 주가의 움직임을 따라 투자하는 것은 근본적으로 다르다. 전체적인 흐름을 알면 일단 심리적으로 안정된다. 투자는 심리적인 요소에 크게 좌우되기 때문에, 정신적으로 여유가 없으면 중요한 순간에 적절한 판단을 내릴 수 없다.

투자는 어떤 의미에서 '실패'와의 싸움이라 할 수 있다.

주가는 변수가 없을 때 상승하는 것이 일반적이지만, 비상시에 잘못 판단하면 큰 손실을 떠안게 된다. 주식 투자로 실패하는 경우는 대체로 그 때문이다. 거시경제의 동향을 아는 사람은 이런 초보적인 실패를 할 확률이 낮으며, 결과적으로 시장에서 살아남을 가능성도 높다.

2016년 여름에 바닥을 친 경기 순환은 2017년 가을 무렵 절정을 맞이했고 그 후 완만한 하강 국면에 접어들었다. 앞으로 만회할 수도 있겠지만, 지금까지의 추이를 생각하면 2018년부터 2019년에 걸쳐서는 하강 기류를 이어갈 가능성이 높다고 분석할 수 있다.

그러니 신중한 투자자라면 2018년 전반기에 주식 거래를 일단 끝낼 가능성이 높다. 강세를 고수한다는 시나리오를 예상하는 이들도 있겠지만, 그런 경우라도 경기 순환을 이해하면 언제든 신속한 판단을 내릴 수 있다. 경기 둔화의 신호를 감지하는 순간 즉시 철수를 결단할 수 있을 것이다.

아는 사람은 100퍼센트 성공한 '트럼프 시세'

'경제를 알면 유리한 투자를 할 수 있다'는 논리는, 트럼프의 대통령 당선에 따른 이른바 '트럼프 시세'에서도 증명되었다.

트럼프 당선 후, 당신이 미국 주식을 샀어야 하는 이유

트럼프 대통령이 탄생하기 직전의 분위기는 매우 비관적이었다. 전문가들 중에는 트럼프가 당선되면 주가가 폭락해서 장기 불황에 돌입할 것이라고 경고하는 경우까지 있을 정도였다.

하지만 일부 투자가들은 트럼프가 선거에 승리함과 동시에 미국 주식을 적극적으로 구입해서 큰 이익을 올리는 데 성공했다. 나 역시 마찬가지였다. 선거가 끝나자마자 미국 주식을 대량으로 추가 매수했는데 거의 모든 종목이 크게 상승했다.

참고로 말하자면 나는 개인적으로 도널드 트럼프를 그리 좋아하지 않고 그의 경제 정책 또한 긍정적으로 평가하지 않는다. 그러나 거시경제 이론으로 생각하면 트럼프가 대통령이 될 경우, 적어도 몇 년 동안은 주가가 꽤 높은 확률로 상승하리라는 것만큼은 분명했다. 나는 경제 상황을 냉정하게 판단하고 투자를 결심했을 뿐이다. 여기서 트럼프를 지지하고 말고는 아무 상관없는 문제다.

그런데 세상의 수많은 투자자들은 그렇지 않았다. 트럼프에 대한 호불호로 상황을 판단해서 결과적으로 큰 투자 기회를 놓치고 말았다.

트럼프가 선거 기간 중에 내건 정책은 대규모 감세와 인프라 투자다. 이에 더해 트럼프 진영은 '아메리카 퍼스트', 즉 '미국 우선주의'라는 꽤 감성적이고 모호한 슬로건을 내세웠다. 보호무역 정책을 실시할 가능성이 상당히 높았다.

실제로 트럼프는 대통령 취임 이후 대규모 감세를 단행했고, 이후 인프라 투자를 추진하여 중국과 무역 전쟁을 벌이고 있다.

'아메리카 퍼스트'라는 키워드에만 집중했던 일부 사람들은 미국의 무역이 정체되어 단숨에 불황에 빠질 것이라고 성급하게 예단했다. 하지만 경제 이론을 바탕으로 사태를 냉정하게 분석하면 적어도 단기적으로는 미국 경기가 가속하리라는 것은 충분히 예측할 수 있는 일이었다.

다시 말하지만 트럼프는 대규모 감세와 인프라 투자를 공약으로 내걸었다. 경제학적으로 생각하면 모든 정책이 GDP를 증가시키고, IS 곡선을 오른쪽으로 이동시키는 요인이 된다(IS 곡선에 대해서는 3장에서 자세히 설명한다).

감세만으로도 상당한 경기 부양 효과가 있는데 여기에 재정 정책까지 추가된다면 경기 상승이 가속되리라는 것은 의심할 여지가 없다.

경제학적으로는 이런 정책이 금리를 상승시키는 것으로 해석한다. 미국은 양적 완화 정책을 벌써 끝냈으며 금리가 이미 상승 모드에 진입했다. 금리 상승에 따르는 투자 심리 변화는 시장에 이미 어느 정도 반영되었으므로, 금리 상승으로 경기가 둔화될 가능성은 낮다고 생각해도 좋다.

덧붙이자면 미국 경제는 최근 몇 년 동안 매우 순조로운 상황을 이어왔다. 이 상태에서 감세와 경기 부양 정책을 실시한다는 것은, 힘이 남아도는 사람에게 에너지 드링크를 주는 것과도 다름없다. 경기가 나빠질 리는 없다고 보아야 한다.

왜 미국 주가는 무역 전쟁에도 급등했을까?

트럼프 당선 이후 많은 사람들이 걱정한 또 한 가지는 무역 전쟁이었다. 그러나 시간 축을 바탕으로 생각해보면 이 역시 즉각 부정적인 영향이 나타나지는 않으리라는 것을 예상할 수 있다.

트럼프가 무역 적자를 문제 삼고 중국이나 일본에 제재를 가한다 하더라도, 이를 단기간에 실시하기란 거의 불가능하다. 통상교섭은 충분한 준비 기간을 거쳐 실행되기 때문에 대통령 취임 직후 관세가 바로 인상될 가능성은 거의 없다. 실제로 트럼프가 중국과 일본을 표적으로 삼아 적대적인 통상 정책에 나선 것은 대통령에 취임한 지 1년도 더 지난 2018년 봄이었다.

그동안 다우 평균 주가는 20퍼센트나 상승했고 주력 종목 가운데 주가가 두 배 이상 급등하는 경우도 속출했다.

주가가 크게 반응한 것은 경기 확장 및 감세의 혜택이 모두 반영되었기 때문이다. 대규모 감세가 실시되면 기업의 최종 이익이 증가하고 그 결과 기업이 보유한 자금은 대폭 늘어난다. 호경기 상태에서 보유 자금이 늘어나면 기업은 이를 설비 투자로 돌릴 것이고, 이는 GDP가 상승하는 중요한 요인으로 작용한다.

기업의 최종 이익이 증가하면 기업의 주당순이익(EPS, Earning Per Share)도 그만큼 늘어나는 것은 확실하다. 주가수익비율(PER, Price Earning Ratio)이 변함없다고 가정하면 이론상 이익 증가분만큼 주가가 상승한다는 계산이 나온다(주가수익비율은 현재 주가를 주당순이익으로 나눠서 구한다-옮긴이). 경기 확장에 따라 기업 실적이 향상한 데다가, 이론상 주가가 상승하리라는 예측치까지 더해져서 주가에 더 큰 영향을 미치는 것이다.

나는 트럼프가 대선에서 승리한 시점에 미국의 평균 주가가 얼마나 변동할 것인가를 시험적으로 계산해보았다. 법인 감세가 20퍼센트 인하될 것을 전제로 했는데, 주가수익비율이 변함없을 경우 평균 주가가 20~25퍼센트 정도 상승한다는 결과가 나왔다. 실제 다우 평균 주가는 예상대로 상승해서 나도 큰 수익을 거둘 수 있었다.

이는 마법도, 도박도 아니다. 지극히 평범한 경제학 지식에서 이끌어낸 시나리오였을 뿐이다. 당시 누군가가 내게 '트럼프 대통령이 탄생했는데 미국 주식을 사야 할까요?'라고 물었다면 내 대답은 이러했을 것이다.

'안 산다는 건 말도 안 되는 일입니다'.

환율은 무엇으로 정해지는가

FX마진거래(개인 투자자가 환율 차이를 이용해 수익을 내는 외환거래를 말한다-옮긴이)나 외화 예금 등 환율에 직접적인 영향을 받는 투자뿐 아니라 일반적인 주식 투자를 할 때도 외환 동향을 파악하는 것은 매우 중요하다. 거시경제와 밀접하게 연관된 환율 역시, 경제학 지식이 유용하게 쓰이는 분야다.

물가, 환율을 움직이는 가장 강력한 요소

환율은 다양한 요인으로 움직이기 때문에 외환의 흐름이 무엇으로 결정되는가를 단순하게 정의 내리기란 어렵다. 대략적으로 설명하자면 환율을 움직이는 요인으로 양국 간의 금리 차, 화폐 공급량, 물가 등을 꼽을 수 있다. 여기에 경상수지 동향이나 펀드 구매 등 실수요가 영향을 미치기도 한다. 그러나 장기적으로 보았을 경우, 환율을 움직이는 가장 명백하고도 강력한 요소는 바로 '물가'다.

환율과 물가의 상관성은 경제학의 기본 개념인 '구매력평가(PPP, Purchasing Power Parity)' 이론으로 설명할 수 있다. 이 개념은 환율이 양국 통화의 구매력에 의해 결정된다고 설명하며, 이른바 '일물일가의 법칙'을 전제로 한다(일물일가의 법칙이란, 같은 제품에 서로 다른 가격이 매겨질 경우 차익 거래 때문에 결국 가격이 같아질 것이라는 가설이다-옮긴이).

쉽게 말해 물가가 비싼 나라의 환율은 떨어지고, 물가가 싼 나라의 환율은 오른다는 단순한 원리로 설명할 수 있다. 이 이론적인 환율은 장기적으로 보았을 때 현실 환율과 높은 연관성을 보인다.

1973년의 닉슨 쇼크를 계기로 고정환율제는 실질적으로 붕괴했으며 변동환율제로 이행했다(닉슨 쇼크란, 미국 닉슨 대통령의 달러방어 정책으로 인해 대미 수출 의존도가 높은 한국, 일본, 중남미 등이 받은 큰 충격을 말한다-옮긴이). 이후에는 일관적으로 엔고, 달러화 약세가 이어졌다. 그때까지 달러-엔 환율 동향은 미국과 일본 간의 물가 상승률을 토대로 한 구매력평가 환율(한 국가의 화폐는 다른 국가에서도 같은 '구매력'을 가진다는 전제 아래, 각국에서 사용되는 화폐의 구매력에 따라 정한 환율-옮긴이)과 완전히 연동했다.

1985년 플라자 합의(G5 국가의 재무장관들이 외환시장에 개입해 미 달러를 일본 엔과 독일 마르크에 대해 절하시키기로 결의한 조치-옮긴이) 이후, 외환 개입 등으로 인해 엔화가 일시적으로 약세를 보이는 경우는 있어도 구매력평가에 따른 이론적인 환율을 넘어 엔저 현상이 일어나는 일은 없었고 기본적으로 엔고 추세가 계속되었다.

일본의 버블 경제 붕괴 이후 미국은 순조롭게 경제 성장을 이어가며 평온한 인플레이션이 장기간에 걸쳐서 지속되었다(리먼 쇼크라는 일시적 예외는 있었다). 반면에 일본은 장기적인 디플레이션에 시달렸으며 경제 수준이나 물가도 변동이 없는 상황이었다. 이 때문에 미국과 일본의 물가에 괴리가 생겼고, 이를 조정하기 위해서 환율이 움직였다고 해석할 수 있다.

환율 분석에 관해서는 다양한 방법론을 적용할 수 있다. 그중에서도 양국 간의 본원통화 차이나 금리 차이 등을 척도로 삼는 방법은 적용이 가능한 국면과 그렇지 않은 국면으로 나뉘지만,

물가는 환율에 결정적인 영향을 미친다

물가에 관해서는 거의 예외가 없다. 장기적으로 환율은 물가의 차로 결정된다고 봐도 무방하다. 물가 동향은 금리에도 결정적인 영향을 미친다는 사실을 고려하면, 결국 환율은 물가로 수렴한다고 생각해도 좋을 듯하다.

주식 투자자라면 반드시 알아야 할 금리

이러한 기본적인 지식이 있으면 외환에 대해서도 침착하게 대처할 수 있다. 단기적으로 환율이 올랐다 하더라도 장기적으로 볼 경우, 1달러의 가치가 기존의 반토막 수준으로 떨어지는 일은 일어나기 힘들다. 그렇게 되려면 국내 물가가 큰 폭으로 하락하거나 미국에 급격한 인플레이션이 와야 하는데 비상사태가 발생하지 않는 한 이런 수준까지 환율이 움직일 리는 없다. 하지만 전문가들 중에는 극단적인 상황을 주장하는 이들도 있으며, 일부 투자자는 이런 정보에 마음이 흔들리기도 한다.

이를 거꾸로 생각할 수도 있다. 즉 외환 동향을 알고 싶다면, 미국이나 국내 물가 동향를 늘 주시해야 한다는 의미이기도 하다. 주식 투자자들 중에도 금리 동향에는 관심을 두지 않는 경우가 상당히 많다. 히지만 거시경제의 세계에서 금리는 매우 중요한 역할을 담당한다.

금리와 물가는 서로 밀접하게 연관되어 있으므로 금리에 관심을 기울인다는 것은 곧 물가에도 시선을 떼지 않는다는 뜻이며, 이는 나아가 경제 전체에 대한 이해로 이어진다.

주가는 모든 경제 지표들의 동향을 집대성한 것이기에 당연히 환율이나 금리와도 긴밀한 관계가 있다. 이런 다면적인 시점을 유지할 때 투자자로서의 시야 또한 크게 확장된다.

인력 부족은 경제에 어떤 영향을 미칠까?

일본을 비롯한 많은 나라들이 심각한 인력 부족 사태를 맞이했다. 이런 현상은 앞으로도 장기간에 걸쳐 지속될 전망인데, 전문가들은 이 때문에 각국 경제가 심각한 손해를 입게 될 것이라고 지적한다.

그렇다면 인력 부족 현상은 경제에 구체적으로 어떤 영향을 미칠까?

일본 총무성이 2018년 3월에 발표한 1월의 완전실업률은 관계자들에게 적지 않은 충격을 안겨주었다. 2017년 12월 수치를 0.3포인트나 밑돌며 2.4퍼센트까지 떨어졌기 때문이다. 25년 만에 등장한 최저 수치에 사람들은 통계가 잘못된 것 아니냐는 의문마저 제기했지만, 그 후 실업률은 더욱 떨어져서 5월에는 2.2퍼센트에 다다랐다.

표면상의 숫자라고는 해도 실업률이 2.5퍼센트 이하라고 하면 완전 고용에 가까운 상황이다. 체감상 버블경제 시대와도 같은 상태라 할 수 있다.

노동 시장에 사람이 거의 남아 있지 않은 이런 극심한 인력난은, 젊은 층의 인구 감소가 주요 원인이며 이는 구조적인 문제다. 인구 불균형이 해결되기 전까지 이 경향은 이어질 것이므로 당분간 일본에서는 인력 부족 상태가 지속될 가능성이 높다.

인력 부족은 경제에 심각한 영향을 미치며, 당연히 주가도 영향을 받는다. 그러나 인력 부족이 경제에 어떤 영향을 끼치는지 거시경제 측면에서 체계적으로 이해한다면, 실제로 그 현장에

부딪혔을 때 적절히 대처할 수 있을 것이다.

뒤에서 자세히 설명하겠지만 경제 전체의 생산량은 '노동력'과 '자본'과 '기술 혁신'으로 결정된다. 만약 만성적인 인력 부족이 계속되면 노동력이 부족해서 경제 전체의 생산력이 떨어질 수밖에 없다. 예를 들어, 생산 설비가 충분하더라도 이를 관리하고 운영할 사원을 적정 수준으로 고용할 수 없다면 생산을 중단하는 사태를 맞게 될 것이다.

이때 기업이 어떻게든 생산을 유지하려고 높은 임금을 지불해서 무리하게 고용을 늘리면 어떻게 될까? 이번에는 비용이 높아져서 기업은 제품 가격에 이 비용을 전가하려 할 것이다. 그렇게 되면 다른 회사들도 너나없이 가격을 인상하기 시작해서 물가가 상승하기 쉬워진다.

경제학의 총공급곡선(일정한 물가 수준에서 기업들이 생산·판매하려는 재화와 용역의 양을 나타내는 곡선-옮긴이)으로 설명하자면, 인력 부족 현상이 지속되면 총공급 곡선이 왼쪽으로 이동한다. 이것이 물가 상승을 야기하는 원인 중 하나다.

공급 쪽의 이유로 물가가 상승하는 것을 '코스트푸시 인플레이션(cost-push inflation, 비용인상 인플레이션이라고도 한다-옮긴이)'이라고 하는데, 인력 부족은 이러한 유형의 인플레이션을 유발하기 쉽다.

인력 부족 사태가 한층 더 심각해져서 높은 시급을 제시해도 노동자가 모이지 않을 경우, 결국 기업은 생산을 재검토하는 단계에 들어간다. 그렇게 되면 아무리 수요가 있어도 공급이 그에 미치지 못하기 때문에 수입으로도 대체가 안 될 경우 GDP가 그만큼 감소한다. 즉, 공급 제한으로 경제가 둔화되는 것이다.

총공급곡선은 생산 활동에 따르는 GDP와 물가의 관계를 나타낸 것이다. 공급이 제한되어 생산이 여의치 않다는 것은 곧 총공급곡선이 어느 지점에서 수직 형태가 된다는 것을 의미한다. 이런 상태에서는 아무리 경기부양 대책을 시행해도 물가만 상승할 뿐, GDP는 확대되지 않는다. 억지로 경기 대책을 계속 시행할 경우에는 물가 상승이 더 가팔라져서 불경기인데도 물가만 상승하는 이른바 스태그플레이션에 빠질 위험도 커진다.

장기적인 투자에 뛰어들 때는, 위와 같은 인력 부족 현상과 그에 따른 인플레이션 위험을 늘 염두에 두어야 한다.

경제를 알려면
먼저 GDP부터

시세를 읽는 이들은 GDP 기반으로 사고한다

소비와 투자 사이에서
주가 읽기

**소비와 투자의
차이에 주목하라**

GDP는 경제를 이해하는 데 토대가 되는 개념이다. 모든 것의
기초이므로, 경제에 강해지려면 GDP를 기반으로 하는 사고방
식을 확고히 다져야 한다. 하지만 'GDP'라는 용어를 들었을 때
흥미를 느끼는 사람은 많지 않을 것이다. 현실적으로 와 닿지도,
실물 세상과 곧바로 연결이 지어지지도 않으리라. 그래서 GDP
의 정의를 이해하기 전에 먼저 '사람과 기업이 돈을 어떻게 사용
하는지'를 알아두면 도움이 될 것이다.

소비는 '만족'을 얻기 위한 행위

사람이나 기업이 돈을 쓰는 방법에는 두 종류가 있다.

하나는 '소비', 또 하나는 '투자'다.

'소비'와 '투자'는 사람들이 흔히 사용하는 친숙한 단어다. 이 둘이 뭔가 다르다는 느낌은 들지만, 실생활에서 두 단어의 의미를 제대로 구별해서 쓰는 사람은 그리 많지 않을 것이다.

먼저 소비는 많은 사람들이 짐작하는 대로 식품이나 의류를 구입하는 등의 일상적인 지출을 의미한다. 지하철을 타거나 미용실에서 헤어스타일을 다듬는 것은 제품에 대한 지출이 아니라 서비스에 대한 지출인데 이 또한 소비의 일부다.

음식점에서 식사를 하면 허기를 채울 수 있고, 지하철을 타면 원하는 장소로 수월하게 이동할 수 있다. 즉, 소비는 어떤 만족을 바라는 행위다(경제학 용어로는 이를 '효용'이라고 한다).

한편 투자는 똑같이 돈을 쓰는 행위일지라도 그 의미가 전혀 다르다. 사회에서 말하는 투자라면 흔히들 주식이나 부동산 투자를 떠올릴 테지만, 경제학에서는 말하는 투자의 의미는 이것과는 분명히 다르다. 먼저 이 부분을 정확히 짚고 넘어가야 할 듯하다.

투자는 장래의 돈을 만들어내기 위한 지출

경제학에서 말하는 투자는 돈을 지출해서 특정한 만족을 얻으려는 것이 아니라, 제품이나 서비스를 생산하기 위한 설비에

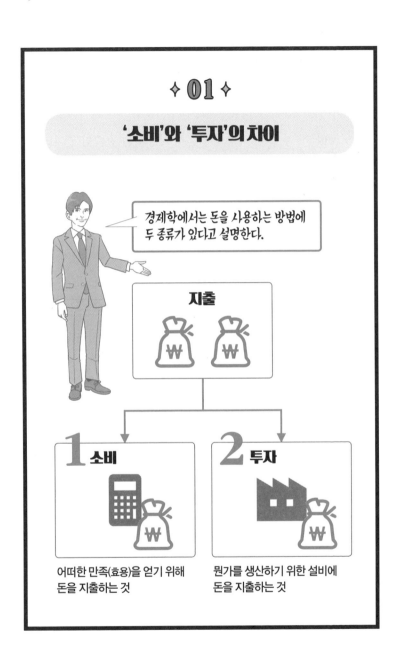

✦ 01 ✦

'소비'와 '투자'의 차이

경제학에서는 돈을 사용하는 방법에 두 종류가 있다고 설명한다.

지출

1 소비

어떠한 만족(효용)을 얻기 위해 돈을 지출하는 것

2 투자

뭔가를 생산하기 위한 설비에 돈을 지출하는 것

돈을 투입하는 행위를 가리킨다. 구체적으로 말하자면 공장이나 점포에 자금을 투입하는 것, 즉 설비 투자다.

예를 들어 우리가 음식점을 연다고 생각해보자.

음식점 개업을 하려면 점포로 사용할 부동산을 빌리고 주방기기나 의자, 테이블 등을 구입해서 준비해야 한다. 이때 주방기기를 구입하거나 의자와 테이블을 마련하는 것은 어떤 즐거움이나 만족을 얻기 위한 것이 아니다.

이런 지출은 앞으로 그 설비를 사용하여 제품이나 서비스를 창출하고, 최종적으로는 돈을 벌려는 목적이 있다. 즉, 장래의 생산 활동을 위해서 돈을 쓰는 것을 여기서는 투자라고 부른다.

경제학적으로 봤을 때 이 세상에서 돈을 쓰는 방법에는 소비와 투자 두 종류뿐이다. 경제가 확장된다는 것은, 다시 말해 소비나 투자가 순조롭게 늘어나는 것을 의미한다.

설비에 대한 투자가 늘어나면 주가는 상승한다

투자자는 어떤 지출에 주목해야 하는가?

소비와 투자의 차이를 확실히 구별할 수 있다면 이제 이 상식을 응용해보자.

소비와 투자의 차이는 기업 회계로 말하자면, 손익계산서상의 지출과 대차대조표상의 지출 차이라고 보면 된다.

기업이 직원에게 지불하는 급여는 손익계산서에 계상된다. 급여는 직원이 기업에서 일한 대가이므로 지금 그 자리에서 지불해야 하는 돈이다.

한편 공장이나 점포 등에 대한 지출은 손익계산서상에는 반영되지 않고 대차대조표상에 기재된다. 손익계산서에 반영하지 않는 이유는 그것이 장래에 대한 지출(자산에 대한 지출)이기 때문이다.

공장이나 점포에 대한 지출은 장래에 판매 수익을 만들어내는 원동력이 된다. 따라서 기업이 어느 정도의 금액을 설비 투자에 쏟았는지는 투자자에게 매우 중요한 정보다.

장기적인 상승 시세, 이렇게 예측한다

예를 들어 레스토랑 체인점을 운영하는 기업이 이듬해에 신규 점포를 몇 군데 내느냐에 따라 그 기업의 실적은 크게 변화한다. 500군데 점포를 보유한 체인점이 100군데 매장을 새로 오픈한다는 계획을 세웠다면, 상당히 적극적인 사업안이라 볼 수 있다. 이만한 규모의 출점일 경우 재무 상황에도 당연히 영향을 미친다.

만약 충분한 수요가 발생한다면 신규 점포에서 얻은 매출이

다음 분기 결산에 반영되어 기업은 증수증익(매출과 이익이 함께 늘어나는 것-옮긴이)을 실현할 수 있다.

다시 말해, 신규 설비 투자라는 것은 다음 분기 매출의 중요한 원동력이자, 앞에서 말한 경제 전체의 투자와도 마찬가지 의미를 갖는다.

이를 거꾸로 생각해볼 수도 있다. 설비 투자가 감소하는 것은 그리 바람직한 상태가 아니다. 지금 당장은 영향이 나타나지 않을지 모르지만 장래 이익의 원천이 사라지기 때문에 장기적으로는 부정적인 영향을 미친다.

그런 점에서 설비 투자 금액이 크게 증가하는 시기는, 장기적인 상승 시세의 시작 지점일 가능성이 높다. 이때는 현실 경제에 선행하여 주가가 상승할 수 있다. 이런 배경 때문에 투자자들은 기업의 설비 투자 동향을 늘 주시하는 것이다.

'부의 경제학' 한 줄 강의

- 돈의 지출은 '소비'와 '투자' 두 종류로 나눌 수 있다.
- 소비는 만족을 얻기 위한 지출이다.
- 투자는 장래의 이익을 만들어내기 위한 지출이다.

- 신규 출점이나 공장 건설이 늘어나면 설비 투자가 증가한다.
- 설비 투자가 증가하면 경기와 주가에 플러스 요인으로 작용한다.
- 설비 투자에 움직임이 있다면 상승 시세가 시작될 가능성이 있다.

저축률이 시장에 던지는
신호 포착하기

 ## '저축'과 '투자'는
일치한다

사람들은 돈을 벌면, 즉 소득을 얻으면 그중 일정 금액을 소비하고 나머지는 저축한다. 사용한 돈은 돌고 돌아서 임금 등의 형태로 되돌아온다. 그런 측면에서 경제 전체로 보면, 기업에서 지급한 급여는 그 돈을 받아서 쓰는 사람들의 손을 거쳐 고스란히 되돌아온다고 볼 수 있다.

물론 돈을 지출하는 양상은 사람마다 다르다. 연봉이 높은 사람은 많은 금액을 저축할 테지만, 연봉이 낮은 사람은 생활필수

품을 구입하는 것만으로 대부분의 소득을 다 써버릴지 모른다. 이 또한 전체로 보면 사람들은 번 돈의 일정 비율을 소비하고 나머지를 저축한다고 해석할 수 있다.

경제학에서는 소비자 전체를 '가계'라고 부르므로, 가계는 벌어들인 소득 중 일정 비율을 소비하고 나머지를 저축한다고 바꿔 말할 수 있다.

우리가 예금한 돈은 전부 어디로 가는가?

우리는 은행에 예금하여 저축을 하지만, 우리가 은행에 맡긴 대부분의 돈은 실제로 은행 안에 존재하지 않는다. 은행은 금리를 버는 사업체라서 예금주가 맡긴 돈을 그대로 놀리기만 하면 수익을 올릴 수 없다. 예금된 돈은 융자의 형태를 거쳐 기업 등에 대출되고, 그럼으로써 설비 투자에 쓰인다.

물론 예금주가 예금을 인출하기 원할 경우 은행은 여기에 따를 의무가 있으므로 계약상 맡긴 돈은 엄연히 존재한다. 그러나 현실적으로는 맡긴 돈 대부분이 점포나 공장에 대한 투자로 쓰이며 근로자의 급여 등으로 사라진다.

만약 고객이 고액의 예금을 한 번에 찾고자 한다면 어떻게 해야 할까? 이럴 때 은행은 다른 곳에서 돈을 빌려와 고객의 요구에 응하게 된다.

'저축=투자', 꼭 기억해야 할 경제학 개념

개인이 주식 등에 자금을 투입하는 경우도 마찬가지다. 누군가는 그 돈을 받아서 어느 시기에 은행에 예금하기 때문에 최종적으로는 어떤 형태로 은행에 모인다. 즉, 경제 전체로 봤을 때 가계가 소비하지 않은 돈은 전부 저축이며, 저축은 어떤 형태로든 투자에 쓰인다고 볼 수 있다.

경제학의 중요한 기본 원리 중 하나가 바로 '저축=투자'라는 것이다. 다시 말해 소비되지 않은 돈은 저축의 형태를 통해 투자에 쓰인다는 의미다. 저축과 투자가 똑같다는 이 개념을 잘 기억해놓자.

정리하자면, 가계는 번 소득의 일정 비율을 소비하고 나머지를 저축한다. 저축된 돈은 다양한 곳을 경유해서 세상을 돌고 돌지만 최종적으로는 주로 기업을 통해 설비 투자에 충당된다.

'부의 경제학 레슨1'의 소비와 투자 항목에서 설명했듯이, 투자된 돈은 새로운 공장이나 점포가 되어 장래에 새로운 부가가치를 만들어낸다.

가계의 저축이 투자와 같다는 말은, 저축이 곧 장래의 GDP를 만들어내는 기초 자금이라는 이야기다. 경제에서 저축이 중요한 의미를 지니는 것은 이런 이유 때문이다.

✧02✧

저축과 투자는 일치한다

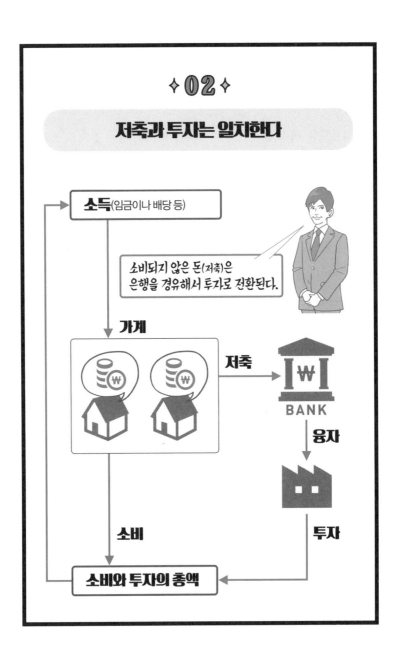

실전 투자 포인트 2

저축률 저하는 곧 시장 침체? 왜 반만 맞는 이야기일까?

그렇다면 저축이 감소한다는 것은 어떻게 해석해야 할까? 이는 투자의 기초 자금이 사라졌다는 뜻이기 때문에 장래의 GDP를 만들어낼 여력이 줄었다고 볼 수 있다. 이렇게 되면 주가 상승도 기대하기는 힘들 것이다.

실제로 투자가들 중에는 저축률의 저하를 장기적인 시장 침체 신호로 받아들이는 이들이 꽤 많다. 이 말은 반은 맞지만, 반은 틀렸다.

저축률이 낮은데도 주가가 상승하는 나라

예를 들어 미국은 옛날부터 저축률이 낮은 나라로 유명한데도 경기가 늘 확장되고 있으며 심지어 주가의 경우는 20년 넘게 지속적으로 상승하는 중이다. 리먼 쇼크(2008년 세계적인 투자은행 리먼브러더스의 파산으로 야기된 글로벌 금융 위기-옮긴이)로 한때 하락한 시기가 있었지만 결국은 최고치를 갱신했다.

그러므로 미국의 사례를 보면 저축률이 낮다고 해서 경기에 꼭 마이너스 요소로 작용한다고는 말할 수 없다. 저축률이 낮은데도 미국의 경제나 주가가 오름세인 이유는 소비 중심으로 경제를 확대하는 구조가 구축되어 있기 때문이다.

이에 관해서는 나중에 GDP 항목에서 자세히 설명하겠지만, 나라마다 경제가 성장하는 구조에는 저마다 차이가 있다. 성공적인 비즈니스, 성공적인 투자를 하려면 이 차이를 분명히 인식해야 한다.

미국은 기본적으로 소비자 마인드가 적극적이며 소비 확대가 경제를 이끈다. 계속해서 매력적인 서비스가 생겨나고 이것이 소비를 불러일으켜 경제 성장을 촉진한다. 주식 종목도 소매점이나 생활용품 등 내수 종목이 중요한 위치를 차지한다. 이렇다 할 큰 설비 투자 없이도 경제가 잘 돌아간다.

이를 뒤집어 말하면 최소한의 투자로 최대의 효과를 얻는다고 할 수도 있다. 미국은 이미 성숙한 나라이며 충분한 인프라가 마련되어 있다는 점도, 소비 경제를 활성화하는 요인이다.

일본의 경우, 똑같은 경제 성장을 위해 필요한 투자액이 미국보다 더 크다. 그 이유는 일본 경제가 제조업 중심의 구조로 이루어져 있기 때문이다. 일본 경제에서 외수, 즉 해외 수요가 차지하는 비중은 낮지만 현실적으로 제조업이 경기에 미치는 영향은 여전히 크다. 제조업의 장래는 설비 투자가 얼마나 증가하느냐에 따라 좌우되기 때문에 이런 나라에서 저축률이 떨어질 경우에는 주의해야 한다.

OECD 조사에 따르면 2000년에 8.9퍼센트였던 일본의 저축률은 해가 갈수록 떨어져서 한때는 마이너스를 기록한 적도 있었다. 계속 감소하던 저축률은 세계 경기 확장의 영향으로 2016년 무렵부터 서서히 상승하기 시작했다. 이때부터 일본의 GDP와 주가가 상승한 것은 저축률과도 깊은 관련이 있다고 보아야 할 것이다.

제조업에 의존하는 나라들은 세계 경기의 동향으로부터 어쩔 수 없이 큰 영향을 받는다. 이들 나라의 경기가 향후 어떤 양상을 보일 것인가는 세계, 특히 미국의 경기를 확인하면 확실히 알 수 있다.

'부의 경제학' 한 줄 강의

- 경제 전체로 보면 기업에서 지급한 돈은 이를 받은 사람들을 거쳐 그대로 되돌아온다. 즉, 돈은 빙글빙글 돌고 있다.
- 사람은 번 돈의 일정 비율을 소비하고 나머지는 저축한다.
- 저축된 돈은 은행을 경유하여 설비 투자에 쓰인다. 즉, 저축과 투자는 일치한다.

- 저축률이 떨어진다는 것은 설비 투자의 기초 자금이 감소한다는 뜻이다.
- 설비 투자가 중요한 역할을 담당하는, 제조업 중심의 국가들의 경우 저축률 저하는 주가에 마이너스 요인으로 작용한다.
- 미국은 소비 주도 경제이므로 저축률에 큰 영향을 받지 않는다.

GDP 발표를 기다려면 이미 때는 늦는다

 투자자들이 주목해야 할
GDP의 요소

가장 단순한 GDP의 정의

저축된 돈이 은행을 통해서 기업 등에 융자되어 설비 투자에 충당된다는 된다는 사실은 GDP의 정의와도 일맥상통한다. GDP를 간단한 식으로 나타내면 아래와 같다.

GDP = 소비(C) + 투자(I)

이 식에서는 GDP 중 소비되지 않은 돈이 금융 기관을 통해 투자로 전환됨을 시사한다. 소비의 주체는 주로 가계이며, 투자의 주체는 기업이기에 이 경제 모델은 가계와 기업의 지출을 나타낸다고도 할 수 있다.

이것이 가장 단순한 GDP의 정의다.

그런데 경제라는 틀에서 보았을 때 큰돈을 지출하는 주체가 또 하나 있다. 바로 정부다. 정부는 소득을 얻은 국민에게서 세금이라는 형태로 돈을 징수하고 이를 정부 지출이라는 형태로 소비, 또는 투자한다.

정부의 성격 자체는 중립적이지만 움직이는 돈이 워낙 거액인 탓에, 정부의 지출은 전체 경제의 수요와 공급에 큰 영향을 미친다. 그래서 GDP를 계산할 때는 정부 지출도 고려한다.

경제학에서 말하는 '풍요'란 무엇일까?

경제의 세 가지 주체인 가계, 기업, 정부는 GDP를 구성하는 세 요소이기도 하다.

가계는 주로 소비하고, 기업은 가계가 저축한 돈으로 설비에 투자해서 제품 및 서비스를 가계에 제공한다. 정부는 가계에서 징수한 세금을 다시 지출한다.

한마디로 GDP란 각각의 주체가 돈을 얼마나 썼는지를 나타낸 것이다. 다음의 식은 매우 중요하니 꼭 기억해놓기 바란다.

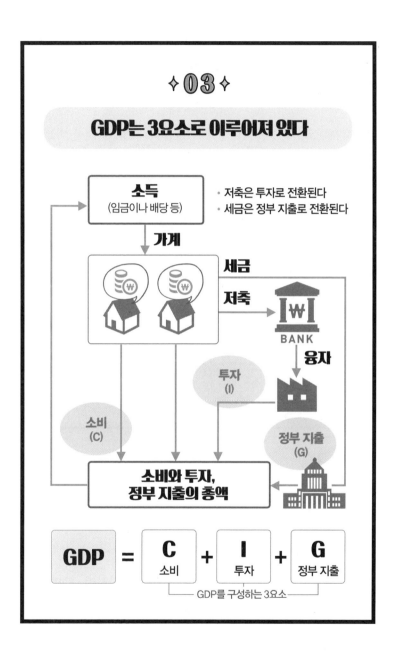

GDP = C(소비) + I(투자) + G(정부 지출)

국내의 소비와 투자, 또 정부 지출을 전부 더한 것이 바로 GDP의 실체다.

또한 가계가 소비로 지출한 돈, 기업이 투자로 지출한 돈, 정부가 지출한 돈은 최종적으로 어떠한 형태로(대부분은 급여라는 형태) 가계에 되돌아온다. 이것이 '소득'이며 다음 소비와 저축의 기초 자금이 된다.

이 순환이 활발해지면 세상에는 수많은 제품과 서비스가 넘쳐나서 사람들이 풍족하게 생활할 수 있다. 경제학에서는 이 순환이 활발해지는 것을 풍요로워진다고 정의한다.

실전 투자 포인트 3 · 현명한 투자자는 '기계수주 통계'에 주목한다

앞서 설명한 대로 GDP는 소비와 투자, 정부 지출이라는 세 가지 항목으로 구성된다. 이 중에서 어느 하나가 성장하여 GDP가 늘어나면 주가가 상승하는 요인이 된다.

공업을 중심으로 하는 국가에서는 투자가 확대됨에 따라 기업의 실적이 좋아지고 주가가 상승하는 것이 일반적이다. 이 움직임이 임금 상승으로 이어져 소비가 확대되면 주가도 한층 상승한다.

GDP 발표를 기다리면 뒤처진다

GDP는 분기마다 발표하는데 시장 관계자들이 가장 주목하는 부분은 설비 투자가 몇 퍼센트 늘었는가 하는 것이다. 설비 투자가 계속 늘어나면 결국 생산 확대로 이어지기 때문이다.

그러나 GDP의 통계를 정리하는 데 시간이 걸리는 탓에, GDP 수치가 발표될 무렵에는 이미 주가가 움직인 경우도 많다. 그래서 GDP의 결과가 나오기 전에 투자 설비 상황을 알고 싶어 하는 투자자가 많은데, 이들은 대체로 기계수주 통계를 참고한다.

기계는 설비 투자를 목적으로 구입하는 경우가 많아서 기계와 관련된 수주 동향을 보면 설비 투자의 움직임을 알 수 있다. 하지만 기계수주 통계는 변동 폭이 크다는 사실에 주의해야 한다. 기계 수주가 순조로워서 매입을 실시했으나 다음 달은 반동으로 대폭 감소하는 경우도 꽤 많다. 그러므로 그 달의 숫자만 참고할 것이 아니라 과거부터 흐름을 봐야 한다.

정부의 재정정책은 무조건 호재일까?

투자자들이 설비 투자와 함께 또 한 가지 눈여겨보아야 할 것은 정부의 재정정책, 즉 정부 지출이 얼마나 확대될 것인가다(재정정책이란, 정부가 경기 관리를 위해 세입과 세출, 정부 지출을 조절하는 것을 말한다. 이에 비해 금융정책은 통화량이나 이자율 등을 변경하여 국민소득의 흐름에 영향을 미친다는 점이 다르다-옮긴이).

경기가 나빠지면 정부는 경기 대책이라는 명목으로 대형 재정정책을 실시한다. 재정정책을 실시하면 그만큼 GDP가 늘어나기 때문에 역시 주가 상승에 영향을 미친다. 이런 정책은 신흥국일수록 효과가 더 크다는 특징이 있다. 이들 나라에서 공공사업으로 다리나 도로를 건설하면 그 건설 비용만큼 GDP가 증가하고, 여기에 더해 완성된 인프라가 새로운 생산 활동을 지원해서 투자 금액보다 훨씬 더 많은 효과를 얻을 수 있다. 이를 경제학에서는 '승수효과'라고 한다.

그러나 사회가 성숙하고 IT화가 진행되면서 이러한 투자의 상승효과는 해마다 약해진다. 심지어 정부가 경기 대책을 시행해도 그 금액만큼만 GDP가 늘어나는 경우도 흔하다.

따라서 정부의 경기 대책을 주가재료로 삼아 투자할 때는 단기적인 움직임에 한정하는 편이 합리적이다. 예산은 단계적으로 집행되므로, 해당 연도 내에는 주가에 유효한 효과를 미친다고 보아도 좋다.

'부의 경제학' 한 줄 강의

 부의 경제학 **이론**

- GDP는 소비(C), 투자(I), 정부 지출(G)라는 세 항목으로 구성된다.
- 세 가지 지출은 최종적으로 소득이라는 형태로 가계에 돌아온다.
- 이 순환이 활발해질수록 경기가 좋아진다고 볼 수 있다.

 부의 경제학 **실전**

- GDP를 투자에 응용하려면, GDP 통계가 발표되는 시점 이전에 선행 지표를 확보해야 한다.
- 기계수주액은 설비 투자의 선행 지표로 흔히 이용되지만 변동 폭이 크므로 주의해야 한다.
- 신흥국이 아니라면 정부의 경기 대책은 투자 상승효과가 크지 않으므로, 단기적인 요인으로 고려해야 한다.

GDP의 세 가지 측면, 투자자는 어디에 집중해야 하는가?

가계에서 나간 돈은 결국 형태를 바꿔 되돌아온다

GDP가 소비, 투자, 정부 지출이라는 세 항목으로 구성된다는 설명은 '지출'에 초점을 맞춘 것이다. 그런데 돈을 지출한 가계나 기업, 정부가 존재한다면 반대로 그 돈을 받은 가계나 기업도 있을 것이다.

경제 활동의 세 가지 측면

가계가 지출한 돈은 일반적으로 기업에 제품이나 서비스의 대가로 지불되며, 그 돈은 종업원의 임금이라는 형태로 쓰여서 최종적으로는 다시 가계에 돌아온다(이 돈이 다음 지출의 기초 자금이 된다).

기업이 경비로 지출한 돈이나 정부 지출도 마찬가지다. 여러 곳을 경유한 끝에 최종적으로는 임금 등의 형태로 가계에 돌아온다. 가계로 돈이 순환하는 또 다른 경로로는 이자와 배당이 있다. 기업은 이익의 일부를 배당이라는 형태로 투자자에게 환원하며, 은행은 예금주에게 이자를 지급한다.

결국 세상에서 지출된 돈은 임금, 이자, 배당이라는 형태로 가계에 되돌아온다. 이를 모두 종합하면 누군가가 지출한 돈은 결국 돌고 돌아 결국 그 사람에게 다시 돌아온다는 사실을 알 수 있다.

앞서 GDP를 지출이라는 측면에서 정의했는데, 돈을 받은 측을 기준으로 해도 그 액수는 똑같을 것이다. 이는 제품 및 서비스를 제공한 기업의 입장에서 봐도 마찬가지다.

그러니까 동일한 경제 활동에 대해 돈을 사용하는 측(지출면)과 돈을 받는 측(분배면), 재화나 서비스를 제공하는 측(생산면)이라는 각기 다른 입장에서 바라본 것일 뿐이다. 세 측면은 모두 똑같은 경제 활동을 나타내므로 세 가지 숫자는 완전히 일치한다. 이를 GDP의 '삼면 등가의 원칙'이라고 한다.

✧04✧

GDP 삼면 등가의 원칙

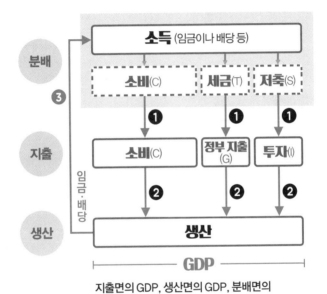

지출면의 GDP, 생산면의 GDP, 분배면의
GDP는 항상 금액이 일치한다

사용한 돈(❶)은 제품이나 서비스로 변환되어(❷)
가계에 돌아온다(❸).

돈은 어떻게 경제를 순환하는가

가계에 재화나 서비스를 제공하는 측면에서 보면(생산면), GDP는 각 기업이 만들어낸 부가가치의 총계가 된다.

어느 기업이 1,000원으로 상품을 매입해서 1,500에 판매하는 경우, 그 기업이 만들어낸 부가가치는 500원이다. 이런 식으로 모든 기업이 만들어낸 부가가치를 다 더하면 GDP의 금액과 일치한다.

돈을 받는 사람 입장에서 봤을 경우(분배면), GDP는 임금(고용자 보수라고 한다)과 기업의 이익에 해당하는 '영업잉여'로 크게 나눌 수 있다(나머지는 감가상각이 되는데 자세한 설명은 생략한다). 영업잉여는 최종적으로 이자나 배당이라는 형태로 가계에 돌아온다.

소득을 얻은 가계는 지금까지 설명했듯이 일정 비율을 소비하고 나머지는 저축한다. 저축은 투자라는 형태로 지출되어 지출면의 GDP로 이어진다.

이렇듯 세 측면을 종합적으로 이해하면 돈이 어떤 경로로 경제를 순환하는지 상상할 수 있을 것이다.

실전투자
포인트
4

분배면을 보면 상승 업종을 예측할 수 있다

GDP는 돈을 지불하는 측의 관점(지출면)과 재화나 서비스를 제공하는 측의 관점(생산면), 또 돈을 받는 측의 관점(분배면)으로 구분할 수 있으며, 이때 각각의 금액은 전부 일치한다고 이야기했다. 그렇다면 투자자들은 어느 관점에 특별히 주목해야 할까?

백화점 주식을 사야 할 때와 편의점 주식을 사야 할 때

GDP에 대해 논의할 때는 대부분 지출면에 초점을 맞춘다. GDP에 관한 언론 보도도 기본적으로는 소비, 투자, 정부 지출이 중심을 이룬다.

하지만 경제 상태가 어떤지, 또는 앞으로 어떻게 될 것인지 생각할 때는 다른 측면도 충분히 고려해야 한다. 특히 돈을 받는 쪽의 상황, 즉 분배면이 중요하다.

왜 투자할 때 분배면에 주목해야 할까? 그 이유는 어떻게 돈이 분배되었느냐에 따라 다음에 돈을 사용하는 방법이 달라지기 때문이다.

예를 들어 노동자의 임금이 늘지 않고 이자나 배당으로 가계에 돈이 돌아오는 비율이 높아지는 경우를 생각해보자. 이때는 부유층의 소비가 확대되기 쉬워진다. 일반적으로 부유층일수록 급여를 제외한 소득의 비율이 높기 때문이다. 한편 노동자의 임금이 늘어날 경우에는 중산층의 소비가 활발해진다고 예상할 수 있다.

그렇다면 분배면에서 이자나 배당의 비중이 높아질 때는 어느 업종이 유리할까? 부유층의 소득이 증가하므로 백화점의 실적이 증가할 가능성이 크다. 임금의 비중이 커져서 중산층 소득이 늘어나는 경우라면? 편의점이나 패밀리 레스토랑 등의 업태가 유리하다고 판단하는 것이 상식적이다.

결정적인 것은 '실질임금 상승률'

시장 관계자들은 중산층의 주머니 사정을 나타내는 지표로서 실질임금 상승률에 주목한다. 실질임금 상승률은 실제로 받는 임금의 상승률에서 물가 상승분을 뺀 것이다.

아무리 임금이 올랐다 해도 물가가 그보다 더 오르는 상황이라면 근로자는 더 많은 제품과 서비스를 구매할 수 없다. 실질임금이 플러스가 된다는 것은 근로자가 받는 돈이 정말로 늘었다는 뜻이므로 소비에 긍정적인 효과를 미친다.

실질임금의 플러스 경향이 이어질 경우 경기가 지속적으로 확장될 가능성이 높고, 꽤 높은 확률로 주가도 상승 경향을 보일 것이다.

미국처럼 자본가가 강력한 힘을 지닌 나라에서는 근로자의 급여 인상보다 배당 증액 등을 요구하는 경향이 강하며, 이는 곧 부유층의 소비를 확대시킨다. 그에 비해 일본 등의 나라는 순수한 자본가가 적다. 또한 개인 대신 공적 연금이나 일본은행이 기업의 대주주 자리를 차지하는 상황이다. 최근 일본 기업도 배당을 중시하게 되었으나 늘어난 배당은 자본가가 아니라 공적 연금으로 흘러간다. 이는 최종적으로 연금 수급자에게 돌아가므로 임금이 가계에 되돌아오는 흐름과도 비슷하다. 이런 나라들은 자본가에게 돈이 흘러들어가는 경로가 상대적으로 적다.

'부의 경제학' 한 줄 강의

부의 경제학 **이론**

- GDP에는 지출, 생산, 분배라는 세 측면이 있다.
- 이는 똑같은 경제 활동을 다른 입장에서 바라보는 것이라서, 세 가지 숫자는 결국 일치한다.
- 세 측면을 동시에 들여다보면 돈의 흐름을 알 수 있다.

부의 경제학 **실전**

- 일반적으로는 GDP의 지출면에 주목하지만, 투자자는 분배면에도 신경을 써야 한다.
- 배당이 많은가, 임금이 많은가로 어느 업종에 돈이 잘 도는가를 판단할 수 있다.
- 주식의 경우에는 특히 실질임금의 동향이 중요하다.

경제 성장에서
무역수지보다 더 중요한 것

 부의 경제학
레슨 5

수출과 수입,
그리고 GDP의 관계

한 나라의 경제를 분석하기 위해 반드시 들여다보아야 할 것이 '무역', 즉 수출과 수입이다. 어떤 국가가 많은 제품을 수출한다는 것은 국내에서 소비되는 몫보다 더 많은 양을 생산한다는 뜻이다. 국내를 제외해도 해외에서 수요가 발생한다고 볼 수 있다. 수출로 얻은 이익은 국내에 유입되므로 국내 소득은 그만큼 증가한다. 따라서 수출은 GDP를 늘리는 요인이다.

국내로 유입되는 돈과 빠져나가는 돈

수입은 그와 반대다. 국내에서 생산하는 양이 국내 수요를 충족시키는 못하는 상태다. 그 부족한 부분을 수입으로 보충하는 것이다. 외국에 지급한 돈은 국내에서 빠져나가기 때문에 GDP에는 마이너스 요인으로 작용한다.

어떤 경우에는 원재료를 수입해서 제품을 만들고, 그것을 외국에 수출하기도 한다. 이런 경우 수입의 대부분이 수출을 위한 것이라서 계산이 좀 더 복잡해진다. 최종적으로는 수출에서 수입을 뺀 '순수출'만큼 GDP는 플러스가 된다고 생각하면 된다. 이를 식으로 나타내면 다음과 같다.

$$GDP = 소비(C) + 투자(I) + 정부 지출(G) + 순수출(EX-IM)$$

순수출은 '무역수지'로 바꿔 말할 수도 있다. 무역수지가 흑자일 경우 그만큼 GDP가 상승하게 된다.

트럼프 정권이 보호주의를 내세우는 이유

일반적으로 수입은 GDP의 크기에 비례한다. 경제 규모가 확대되어 사회가 풍요로워지면 비용이 저렴한 제품은 해외에서 조달하는 편이 합리적이다. 남은 돈은 부가가치가 더 높은 제품이나 서비스에 대한 지출로 흘러간다.

현재 세계에서 가장 큰 경제 대국은 미국인데, 미국은 오래전부터 무역 적자가 이어지고 있다. 무역 적자가 커지면 일부 국내 산업이 외국에 우위를 잃기 때문에 정치적인 움직임까지 초래한다. 트럼프 정권이 보호주의 정책을 내건 이유도 그 때문이다.

그러나 큰 흐름으로는 경제 대국이 수입을 확대하는 것은 매우 당연한 일이다. 이는 다른 나라들도 마찬가지라서 사회가 풍요로워짐에 따라 수입의 비중이 높아진다. 즉, 수입의 양은 그 나라의 성숙도나 풍요로움을 반영한다고도 할 수 있다.

일반론으로 수입보다 수출이 늘어나야 좋은 것이라 생각하지만, 경제학적으로는 그 말이 옳다고 할 수 없다. 나중에 국제수지에 대해 다시 설명하겠지만, 크고 작은 무역 적자는 경제 성장과 직접 연관되지 않는다.

생산지에 따라 '돈을 버는 방식'이 달라진다

한 나라의 수출 동향은 주가에도 중요한 영향을 미친다. 수출이 존재한다는 것은 국내뿐 아니라 해외에도 수요가 존재한다

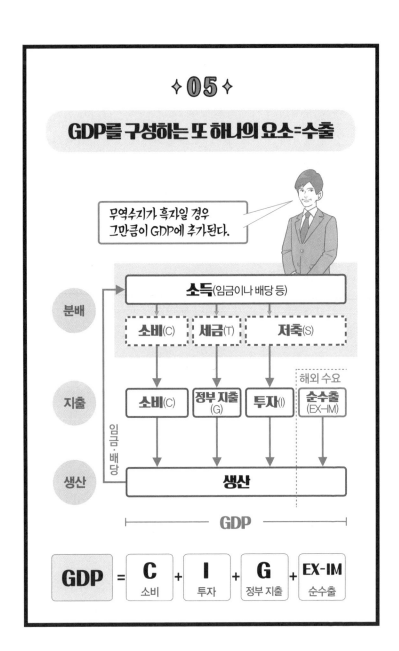

는 뜻인데, 해외 수요는 국내 사정과 상관없이 발생한다.

수출 상황은 제조사의 영업에 좌우되는 경우가 많아서 기업의 경영 환경이 달라지면 수출 동향도 크게 변동한다.

수출 방법에 따라 달라지는 돈의 흐름

제품을 수출하는 경우, 자국에서 생산하여 수출하는 방법과 수출 대상국에 생산 시설을 설치하고 공급하는 방법 두 가지를 생각할 수 있다.

국내 생산 대신 해외 생산을 택하는 기업이 많아지면, 자국 경제나 주식에 대한 수출의 기여도도 떨어진다. 만약 원화 가치가 약세를 보여 원 달러 환율이 상승하면 어떨까? 국내 생산 기업이든 해외 생산 기업이든 판매액이 늘어나는 것은 마찬가지다. 반대로 원화 가치가 강세를 보일 경우에는 두 경우 모두 판매액이 감소한다. 따라서 실적은 똑같이 변동한다고 보면 된다.

다만 국내에서 생산하는 기업의 경우 근로자에게 지급하는 급여가 환율에 따라 변동하지 않기 때문에 현지 생산보다 좀 더 유리하다. 특히 부가가치가 높은 업종의 경우 인건비가 변동하는 비율은 그리 높지 않으므로, 생산지에 따라 그리 큰 차이를 보이지 않는다.

이렇게 국내 생산 기업과 현지 생산 기업을 비교했을 때 실적은 비슷해 보이지만, 돈의 흐름에는 차이가 나타난다.

국내에 더 큰 영향을 미치는 수출 방식은?

현지 생산 기업은 현지의 이익을 현지 자회사를 통해 이자나 배당 형태로 회수한다. 한편 국내에서 생산하여 수출한 기업은 판매 대금을 그대로 받는다. 현지 생산의 경우 판매한 기업에만 이익이 환원되는 반면, 수출한 경우에는 하청 회사 등에 이익이 골고루 분배된다.

두 기업의 가장 큰 차이는 설비 투자일 것이다. 현지 생산의 경우에는 당연히 현지에 설비 투자를 실시하지만 국내 생산 기업의 경우에는 국내에 설비 투자를 한다.

어떤 형태로든 국내에 돈이 들어오는 것은 똑같지만 국내 생산 기업의 금액이 크고 이익이 발생하는 범위도 넓어서 국내 소비에 미치는 영향이 더 크다. 그에 비해 현지 생산 기업은 이익이 유입되는 범위가 제한적이다.

수출의 증감 자체는 주가에 그다지 큰 영향을 주지 않지만 장기적으로 볼 때 수출이 증가하느냐 감소하느냐는 국내 시장에서 어느 업계가 이익을 얻느냐의 차이로 나타난다. 따라서 수출에 관해서는 증감 자체보다 돈의 유통에 주목해야 한다.

'부의 경제학' 한 줄 강의

 부의 경제학 이론
- 수출을 한다는 것은 해외에도 수요가 있다는 뜻이다.
- 기업이 생산한 제품이나 서비스를 국내에서만 소비할 수 없다.
- 수출한 만큼 생산과 소득이 늘어나므로 GDP는 증가한다.

 부의 경제학 실전
- 국내 생산이든 현지 생산이든 기업의 실적에는 큰 차이가 없다.
- 대신 돈의 유통 형태에서 차이가 난다.
- 국내 생산 쪽이 국내에 미치는 파급 효과가 더 크다.

호재일까, 악재일까?
'적자'의 비밀

재정 적자가 불러오는
돈 흐름의 변화

레슨 6

부의
경제학

정부는 무역에만 의존하는 것이 아니라, 국채를 발행하거나 규모가 더 큰 정부 지출을 실시해서 경제가 원활히 돌아가도록 운영한다. 무역이나 재정에 적자가 존재하지 않는다면 가계의 저축은 원만히 투자에 쓰이고 장래 경제 성장의 원동력이 된다.

그러나 적자가 생길 경우, 문제는 더 복잡해진다.

저축이 줄어들면 어떻게 보완해야 할까?

무역과 재정에 적자가 존재하는 경우라도 기본적인 구조는 변함없다. 가계가 얻은 소득의 일정 비율이 소비에 쓰이고 나머지가 저축되는 것은 마찬가지다. 하지만 이때 저축이 전부 투자에 쓰이는 것은 아니다. 저축한 돈과 투자에 쓰인 돈의 차액은 순수출(무역수지 또는 경상수지)과 재정수지(여기서는 정부의 빚)로 안분된다. 식은 다음과 같으며 이를 저축 투자(IS) 균형식이라고 한다.

$$저축(S) = 투자(I) + 재정 적자(G-T) + 순수출(EX-IM)$$

이 식에 따르면 개인이 저축한 돈은 투자에 쓰이거나 정부의 빚으로 전환된다. 그래도 남은 돈은 순수출(무역 흑자)의 몫과 일치한다.

앞의 식은 다음과 같이 바꿔 쓸 수도 있다. 저축과 투자의 차액은 무역 흑자 및 재정 적자와 같다는 뜻이다.

$$저축(S) - 투자(I) = 재정 적자(G-T) + 순수출(EX-IM)$$

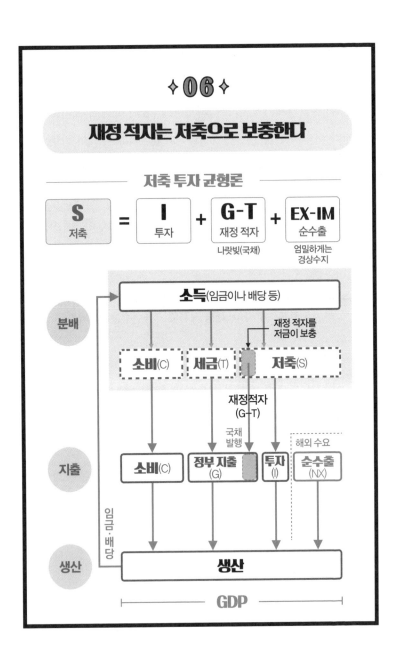

✧06✧

재정 적자는 저축으로 보충한다

저축 투자 균형론

$$S = I + (G-T) + (EX-IM)$$

저축 = 투자 + 재정 적자 + 순수출

나랏빚(국채)

엄밀하게는 경상수지

분배

소득(임금이나 배당 등)

재정 적자를 저금이 보충

소비(C)　**세금**(T)　　**저축**(S)

재정적자 (G-T)

국채 발행

지출

소비(C)　**정부 지출**(G)　**투자**(I)　**순수출**(NX)

해외 수요

임금·배당

생산

생산

GDP

만약 투자가 변함없는 상태에서 저축이 감소한다면 저축과 투자의 차액이 작아지게 된다. 이렇게 되면 무역 흑자가 감소하거나 나랏빚(즉 재정 적자)이 줄었다는 의미다. 반대로 저축이 증가했다면, 이는 무역 흑자가 늘었거나 나랏빚이 확대되었다는 것을 의미한다.

무역 적자는 경제에 반드시 마이너스다?

이 모델을 통해 생각해보면, 고령자가 생활을 위해 저금을 조금씩 찾는 경우 무역수지가 감소한다고 볼 수 있다. 저축과 투자의 차액이 줄어들기 때문이다. 그만큼 무역 흑자가 감소하거나 혹은 재정 적자를 줄여야 그 차액을 맞출 수 있다. 다시 말해, 저축이 감소하면 무역수지나 재정수지에도 변화가 발생할 가능성이 높다.

그러나 이 일련의 이야기와 경제 성장은 직접적인 관계가 없다. 적자라는 말이 풍기는 부정적인 느낌 탓인지 무역 적자는 경제에 좋지 않다는 인상을 준다. 하지만 경제학에서는 단순히 금전 출납이 마이너스가 되는 것을 나타낼 뿐이라서 그 자체로 경제 성장에 좋다, 나쁘다를 판단할 수는 없다.

중요한 것은 돈이 어떻게 유통되느냐 하는 것이다. 저축이 줄거나 무역수지가 변화하거나 재정 적자가 늘어나면 돈의 흐름이 크게 달라진다. 이것이 경제를 변화시키는 요인이다.

돈의 유통 방법이 사회 구조와 조화를 이루지 못할 때 경제 성
장에 영향이 나타난다.

시세의 변환점은 균형에 있다

지금까지 저축과 투자 사이의 균형을 이론적으로 설명했는
데, 이 IS 균형론은 장기적인 투자 전략을 구상할 때 활용할 수
있다.

예를 들어 1980년대 미국은 큰 재정 적자를 떠안고 있었으며
무역수지도 적자였다. 앞서 설명한 IS 균형식에 따르면, 재정 적
자가 늘어나는 경우 무역수지도 악화된다. 저축(S)과 투자(I)의
차액은 일정하기 때문이다. 실제로 미국 시장에서 재정 적자와
무역 적자는 쌍둥이 적자라고 불리며 주가를 억제하는 역할을
해왔다.

하지만 1980년대 후반에는 달러화 약세에 따른 수출 확대로
경상수지가 크게 개선되어 미국의 저축도 증가했다. 1990년대
에 들어서자 미국 경제는 질적 전환을 이룬다. 재정 건전화를 진
행하여 재정 수지가 대폭으로 개선되는 한편으로 투자도 확대

되어 저축과 투자의 차액이 감소했다. 결국 경상수지는 다시 적
자가 되었다.

그러나 투자가 확대된 덕분에 미국 경제는 지속적인 성장세
에 들어섰고 1990년 초반에 2,000달러였던 다우 평균 주가가
1995년에는 5,000달러까지 상승했다. IS 균형의 변화가 시세
를 변화시킨 것이다.

똑같은 무역 적자에도 활황과 불황으로 갈리는 이유

그런데 미국 시장은 이때부터 다시 크게 변화한다.

1990년대 후반에 들어서자 무역 적자가 다시 확대되고 투자
도 늘어나 저축이 눈에 띄게 감소했다. 하지만 투자의 확대가 소
비를 촉진하여 경제는 한층 더 성장했다. 주가에도 힘이 붙어 다
우 평균 주가는 5,000달러 달러에서 1만 달러로 급상승했다.

언뜻 보면 1980년대의 쌍둥이 적자 상태와 같아 보이지만,
경제 구조 자체에 근본적인 차이가 있다. 이때는 경제가 성장하
고 투자가 늘어난 결과로, 저축과 투자의 차액이 감소한 것이다.

즉, 미국 경제는 1980년대부터 1990년대에 걸쳐 그 구조를 크
게 변화시켜 나갔다. 1980년대까지는 무역 적자가 경제에 실제
마이너스로 작용하는 구조였지만, 1990년대 이후에는 활발한 소
비 때문에 무역 적자가 표면상 마이너스로 나타나는 체제로 변화
했다.

미국은 리먼 쇼크 후 저축률이 상승하여 소비가 잠시 억제되었으나 양적 완화 정책으로 경제가 회복되자 다시 저축률이 하락하고 투자가 활발해졌다. 미국의 주가는 현재 최고치를 찍은 상태다.

과거를 돌아보면 IS 균형이 변화하는 시기는 곧 시세의 전환점이었음을 분명히 알 수 있다. 미국의 경우 각 요소들이 적절히 맞물려 작용한 결과, 경제 전환이 주가 상승을 불러올 수 있었다.

균형식이 변화 없는 국가라면

그에 비해 일본은 늘 거액의 재정 적자를 떠안고 있다. 리먼 쇼크 후 한때 무역수지가 적자가 되었지만 이후 원래대로 돌아왔고 국제수지 상황도 크게 달라지지 않았다. 즉, IS 균형식에 큰 변화가 없다고 볼 수 있다.

과잉 저축이 재정 적자를 보충하는 도식이 지속되어 저축을 담당하는 주체가 가계에서 기업으로 바뀌었다. 수출이 늘어나면 경상 흑자가 확대되며 재정 적자가 호전된다는 패턴으로 보아, 일본의 IS 균형을 결정하는 것은 경상수지일 가능성이 높다. 다시 말해 경상수지에 큰 변화가 있을 경우 장기적인 시세의 전환점이 될 가능성이 높다.

'부의 경제학' 한줄 강의

부의 경제학 **이론**

- 수출에 재정 적자가 더해져도 기본적인 움직임은 변함없다.
- 저축은 재정 적자와 무역 흑자로 안분된다.
- 저축이 감소할 경우, 무역 흑자가 줄거나 재정 적자를 줄여야 균형이 이루어진다.

부의 경제학 **실전**

- IS 균형론은 장기 전략 구상에 응용할 수 있다.
- 미국은 IS 균형이 자주 변화하여 그것이 시세의 전환점이 되어왔다.
- 일본의 IS 균형은 똑같은 상황이 이어지고 있으며 큰 변화는 없다. 경상수지가 움직일 때를 전환점으로 볼 수 있다.

투자의 핵심,
'금리' 이해하기

경기가 좋아질 것인가, 악화될 것인가는 여기에 달렸다

부자들은 놓치지 않는 화폐 시장

부의 경제학 레슨 7
화폐의 두 가지 수요

2장에서는 경기의 확장과 수축을 분석하는 단계로 넘어가려 한다. 여기서 미리 알아두어야 할 중요한 항목이 한 가지 있다. 바로 화폐 시장의 존재다.

빚을 내서라도 상품을 확보해야 할 때

지금까지 다룬 GDP에 관한 모델은 전부 재화나 서비스 시장을 대상으로 했다. 소비는 재화나 서비스를 다양한 방식으로 구입하는 것을 의미하므로, 재화와 서비스가 곧 모든 이야기의 기점이 된다. 재화 및 서비스의 수요와 공급에 균형이 잡혀야 경제가 균형을 이룬다.

그런데 재화나 서비스와 마찬가지로 돈에도 시장이 있다. 돈에 대한 수요가 높아지면 돈이 부족해지고, 반대인 경우에는 돈이 남아돈다. 경제학에서는 이를 '화폐 시장'이라고 부른다.

'재화 시장'과 '화폐 시장'이 균형을 이룰 때 전체 경제의 틀이 안정적으로 형성된다는 것이 거시경제의 기본적인 개념이다.

돈의 수요를 결정하는 요인으로는 보통 두 가지를 꼽는다.

하나는 '거래 수요'이며, 또 하나는 '자산 수요'다.

경기가 좋아지면 세상에서 제품과 서비스의 거래가 활발해지는데, 그렇게 되면 더 많은 돈이 필요하다. 예를 들어 어떤 사람이 소매점을 운영한다고 하면, 충분한 상품을 재고로 갖춰놓아야 장사를 할 수 있다. 다시 말해, 먼저 돈을 내고 상품을 사들여야 하는 것이다.

경기가 확장되고 상품의 팔림새가 좋아지면 품절이 발생할 가능성이 커진다. 품절이 되고 나면 아무리 고객들이 상품을 원해도 판매할 수 없기 때문에 소매점 입장에서는 큰 기회 손실을 입게 된다. 따라서 경기가 좋아지면 점주는 더 많은 상품을 미리 구입해 품절을 방지하고자 한다. 자금이 부족할 경우 은행에서 돈을 빌려서라도 매입을 우선적으로 생각할 것이다.

이러한 움직임이 사회 전반에서 일어나는 탓에 경우에 따라서는 화폐가 부족해진다. 이처럼 경기가 확장되면 화폐에 대한 수요가 늘어나는 구조가 형성되는데, 이를 화폐의 거래 수요가 증가한다고 말한다. 바꿔 말해, GDP가 늘어나면 화폐 수요도 증가한다고 할 수 있다.

부자들은 채권에 투자한다

또 하나의 화폐 수요는 '자산 운용'으로서의 수요다.

화폐는 그냥 보유하는 것만으로는 아무것도 만들어내지 않지만 채권 등에 투자하면 이자라는 형태로 이익을 얻을 수 있다. 따라서 이자가 일정 수준보다 더 상승할 경우 돈을 가진 사람들은 채권 투자를 생각한다. 이때 채권을 구입해서 화폐를 처분하려는 사람들이 일정 수준 이상으로 많아지면 현금에 대한 수요가 저하된다. 반대로 이자가 너무 낮아서 채권에 투자해도 큰 이익을 얻지 못할 경우, 채권에 투자하는 사람은 줄어든다.

채권은 디폴트(이자 지불이 지연되거나 원금 상환이 불가능해지는 것-옮긴이) 리스크가 있기 때문에, 고작 낮은 금리 때문에 그런 위험을 감수하는 것은 수지가 안 맞는다. 이런 상황에서는 많은 사람들이 현금을 원하므로 화폐에 대한 자산 수요가 늘어난다.

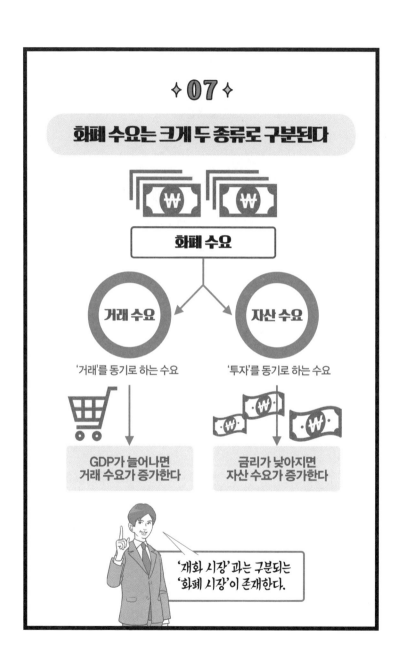

정리하면 화폐의 거래 수요는 GDP가 늘어나면 증가하고, GDP가 줄어들면 감소한다. 한편 화폐의 자산 수요는 금리가 낮으면 늘어나고 금리가 높으면 줄어든다.

왜 채권 투자를 하지 않아도 채권 시장을 알아야 하는가?

일반적으로 투자라고 하면 주식 투자나 부동산 투자를 먼저 떠올릴 것이다. 채권에 일상적으로 투자하는 개인 투자자들은 아마도 흔치 않을 것이다. 실제로 자금이 어느 정도 이상인 경우가 아니라면, 채권 투자는 그다지 합리적이지 않다. 그러나 기관 투자의 경우, 채권 투자가 주식보다 압도적으로 규모가 커서 경기 동향에 큰 영향을 미친다.

따라서 주식에만 투자하는 사람들 또한 채권의 움직임을 잘 이해해야 한다. 채권 시장의 동향을 일상적으로 확인하는 것은, 어떤 종류의 투자를 하는 경우라도 꼭 필요한 일이다.

사람들이 채권을 매입하면 금리가 떨어지는 이유

채권의 움직임은 보통 금리 수준으로 알 수 있다. 금리와 채권의 움직임은 서로 반대라는 점에 주목해야 한다. 많은 사람들이 채권을 구입하면 그만큼 금리가 하락한다. 반대로 많은 사람들이 채권을 팔면 금리가 상승한다. 저금리라는 것은 사람들이 채권을 산다는 뜻이며, 고금리는 많은 사람들이 채권을 파는 상태다.

사람들이 채권을 구입하면 금리가 떨어지는 이유는, 구입 가격이 오를 경우 최종적인 이율이 하락하기 때문이다. 예를 들어 액면이 1,000원이고 이율이 3퍼센트인 채권이 있다고 가정하자. 이를 950원에 구입하면 1년에 얻을 수 있는 이익은 이자 30원에, 구입 금액(950원)과 상환 금액(1,000원)의 차액인 50원을 더한 값 80원이므로 최종 이율은 약 8.4퍼센트다.

이 채권에 사람들이 몰려들어서 가격이 990원으로 상승한다면 어떻게 될까? 990원에 구입할 경우 1년 후 이자 30원에 차액이 10원이므로 최종 이율은 4퍼센트로 떨어진다. 금리는 이율을 의미하므로 채권 가격이 상승하면 금리가 하락한다.

반대로 이 채권 가격이 900원까지 떨어질 경우에는 이율이 14.4퍼센트까지 상승한다. 채권 가격의 하락은 금리 상승과도 같다.

언론 보도에서는 '채권 가격 하락(금리 반등)'이라는 식으로 혼란스럽지 않게 표기하지만 전문가들은 이렇게까지 신경을 쓰지 않으므로, 채권 가격 동향에 관해 정보를 수집할 때 유의해야 한다.

금리가 상승할 때는 호경기일까, 불경기일까?

일반적으로 금리가 하락할 때는 경제 전망이 부정적일 때다. 주가 상승을 그다지 기대할 수 없어서 많은 투자자들이 채권을 구입하는 탓에 결과적으로 금리가 떨어진다.

앞서 화폐의 수요 부분에서 설명했듯이, 금리가 하락하면 이번에는 채권 투자의 매력이 감소한다. 그 결과 많은 사람들이 현금을 보유하려 하기 때문에 화폐 수요가 증가한다. 디플레이션 시대에는 현금보다 나은 것이 없다고들 하는데, 금리 하락의 영향을 극명히 보여주는 대목이라 할 것이다.

한편 금리가 상승하는 시기는 경제 전망이 밝을 때다. 금리가 오르면 채권의 매력이 증가하여 현금 수요가 감소한다.

정리하자면, 경기 동향에 따라 화폐 수요가 어떻게 움직이는가는 수요의 성격에 따라 달라진다. '거래 수요'일 경우에는 플러스 관계, '자산 수요'일 경우에는 마이너스의 관계라 볼 수 있다. 이런 영향이 복합적으로 작용하여 최종적인 수급 균형이 이루어진다.

'부의 경제학' 한 줄 강의

- 재화나 서비스와 마찬가지로 화폐에도 시장이 있다.
- 화폐 수요는 GDP가 늘어나면 증가한다.
- 화폐 수요는 금리에도 좌우된다. 금리가 떨어지면 화폐 수요가 증가한다.

- 채권을 취급하지 않는 투자자들도 채권 시장(즉, 금리 동향)에 주목해야 한다.
- 채권 가격이 상승하면 금리가 하락하고, 채권 가격이 하락하면 금리는 상승한다.
- 일반적으로 시장 전망이 좋지 않을 때 금리가 하락한다.

투자의 핵심,
금리 이해하기

금리와
GDP의 관계

앞서 설명했듯이 GDP는 저축과 투자가 일치하는 지점에서 균형을 이룬다. GDP 항목에 어떤 변화가 생길 경우, 최종적으로 GDP가 어떻게 변화하는지를 나타내는 도구가 바로 'IS-LM 분석'이다.

IS-LM 분석은 화폐의 총량이 일정한 것을 전제로 하며, 물가 수준도 고려하지 않는다. 어느 항목의 변화가 GDP에 어떤 영향을 주는가 하는 부분에만 특화한 분석 방법이기 때문이다. 다양한 분석 도구에 널리 쓰이지만 결코 만능은 아니니 주의해야 한다.

기업은 어떤 재료로 투자를 결정하는가?

IS-LM 분석은 'IS곡선'과 'LM곡선'이라는 그래프를 이용한다.

IS곡선은 일반적인 재화와 서비스 시장에서 금리와 GDP의 관계를 나타낸 것이다. 한편 LM곡선은 화폐 시장에서 금리와 GDP의 관계를 나타낸다.

즉 제품 시장이든 화폐 시장이든 금리가 좌우하며, 양쪽이 일치하는 금리 수준에서 경제가 균형을 이룬다는 개념이다.

1장에서는 GDP가 기본적으로 소비(C)와 투자(I)의 수준으로 결정된다고 설명했다. 기업이 투자를 결정하는 이유는 다양하지만 가장 큰 영향을 주는 것은 금리다. 금리가 하락하면 돈을 쉽게 빌릴 수 있어서 기업이 설비 투자를 늘리고, 반대로 금리가 상승하면 투자를 억제한다.

여기서 소비(C)는 기본적으로 GDP의 크기로 결정된다고 가정한다(즉, 사람들은 소득의 일정 비율을 소비에 사용한다). GDP의 크기가 결정되면 소비 금액도 자동으로 산출된다. 그러므로 정부의 지출이 일정한 경우 GDP의 크기를 결정하는 요인은 투자이며, 투자의 수준을 결정하는 것은 곧 금리다.

금리가 떨어지면 투자가 늘어난다는 상관관계에 따라, 최종적으로는 투자(I)와 저축(S)이 일치하는 수준까지 GDP가 늘어나는데 이로써 경제가 다음 균형 상태에 이른다. 결론적으로 금리 저하는 GDP를 증가시키는 중요한 요인이 된다.

IS곡선이 이동할 때를 유의하라

반대로 금리가 상승하는 경우에는 투자가 감소한다. 금리 저하일 때와 마찬가지로 투자와 저축이 일치해야 GDP가 균형을 이룬다.

GDP는 금리가 떨어지면 증가하고, 금리가 오르면 감소하는 관계다. 다시 말해 GDP는 금리의 감소함수라고 말해도 좋다. 이를 그래프로 그리면 다음 페이지의 그림과 같다. 금리가 떨어질수록 GDP는 늘어나기 때문에 그래프의 형태가 점점 아래로 내려간다.

IS곡선은 투자(I)와 저축(S)이 일치하는 지점에서 금리와 GDP의 관계를 나타낸다고 해석할 수 있다. 참고로 정부 지출(G)은 일정하다고 가정했지만 정부가 재정정책을 실시하면 정부 지출이 증가한다. 그 기간이 짧아서 금리에는 변화가 없다고 가정하면, 금리는 동일한 상태에서 GDP가 늘어나므로 IS 곡선은 오른쪽으로 이동한다. IS 곡선의 좌우 이동에 관해서는 앞으로 자주 다룰 것이므로 유념하도록 하자.

◈08◈

재화 시장에서는 금리가 떨어지면 GDP가 늘어난다

재화 및 서비스 시장

이자율r
(금리)

IS곡선은 점점
아래로 내려간다

0   그 이유는…   GDP

3 결정   **금리**

            1 저하

$$GDP = \underset{\text{소비}}{C} + \underset{\text{투자}}{I} + \underset{\text{정부 지출}}{G}$$

GDP로 소비 규모가
결정된다고 가정하며
다른 요인은 배제한다

※정부 지출을
일정하게
산정한 경우

2 증가

금리가 하락하면 투자가 증가해서 GDP가 늘어난다

위의 이유로 IS곡선은 점점 아래로 내려간다

실전투자 포인트 8

실질금리와 명목금리, 중요한 것은?

금리가 오르면 투자가 감소하고 금리가 떨어지면 투자가 증가한다는 것은 기본적인 경제 원리지만, 이 법칙이 잘 들어맞지 않는 예외도 더러 있다. 현재 일본 경제가 바로 그 전형적인 상황이다. 금리 수준이 매우 낮은데도 투자가 좀처럼 늘지 않는 것이다.

이런 상태를 개선하려면 재정정책을 실시해야 한다는 것이 일반적인 이론이지만, 일본의 경우는 재정 적자가 크다는 점에서 섣불리 대형 공공사업을 단행할 수 없다는 사정이 있다.

실질금리가 사람들을 움직이는 법

이 상황을 타개하기 위한 방법으로 큰 기대를 모은 것이 바로 양적 완화 정책이었다. 양적 완화 정책은 중앙은행이 대량으로 국채를 매입해서 시장에 인플레이션 기대를 발생시킨다는 정책이다.

경제학에서 말하는 금리에는 '명목금리'와 '실질금리'가 있다. 실질금리는 명목금리에서 기대 인플레이션 비율을 뺀 것이므로 시장에서 인플레이션 기대가 높아지면 실질금리가 저하된다. 설비 투자와 관계가 깊은 것은 실질금리 쪽이다.

양적 완화 정책의 기본적인 발상은 다음과 같다. 즉, 명목금리가 더 이상 떨어질 수 없어도 실질금리는 더 떨어질 수 있지 않을까, 또 실질금리를 인하하면 이것이 설비 투자를 촉진하지 않을까 하는 것이다. 이 정책은, 금리와 투자의 관계를 중시한다는 점에서 교과서적인 처방전이라 볼 수 있다.

이쯤에서 문득 의문이 드는 독자들도 있을 것이다. 기업의 경영자들은 과연 실질금리 등을 신경 쓸까? 한때 기업을 경영해본 사람으로서 단언하는데, 경영자는 실질금리 따위는 전혀 신경 쓰지 않는다. 그러니 실질금리를 낮추면 투자가 증가하여 경기가 좋아진다고 경제 전문가들이 아무리 설명해도 거의 속임수처럼 들리는 게 당연할지 모른다.

사실 이런 이론은 말로 설명하는 것보다 직접 체감하는 편이 확실하다. 실질금리가 변화하면 사람들이 그 수치를 실제로 인식하지 못해도 현실적인 주머니 사정은 분명히 달라진다. 그 결과 사람들의 경제행위에도 변화가 일어난다. 조금 어려운 말로 표현하자면 '실질금리로 투자 행동이 변화한다'라고 할 수 있다.

실패한 정책에서도 수익을 거둔 사람들은 존재한다

실질금리 인하를 시도한 일본의 양적 완화 정책이 처음에는 어느 정도 효과를 발휘하는 듯했지만, 도중에 인플레이션 기대가 사그라지면서 효과도 한풀 꺾이고 말았다. 그렇지만 이 정책을 실시한 직후만큼은 주식 시장과 외환 시장이 이론에 따라 정확한 움직임을 보였다. 이때 흐름을 탄 투자자들이 큰 수익을 거둔 것은 물론이다.

투자로 성공하려면 상황에 따라 유연하게 행동해야 한다. 모든 것은 '적절한 시기'에 달려 있다. 그러니 언제든, 어느 방향으로든 움직일 수 있도록 만반의 태세를 갖추어야 한다.

'부의 경제학' 한 줄 강의

- 설비 투자는 금리의 동향으로 결정된다.
- 금리가 하락하면 투자가 증가하여 GDP가 늘어난다.
- IS곡선은 금리와 GDP의 관계를 나타내며, 우하향 형태를 띤다.

- 금리는 명목금리와 실질금리로 나눌 수 있다.
- 경제학에서는 실질금리를 중시하지만 기업 현장에서는 이를 중시하지 않는다.
- 그러나 실질금리의 변화는 결과적으로 기업의 행동에 변화를 야기한다.

경제가 함정에 빠질 때
최고의 기회가 찾아온다

부의 경제학
레슨 9

화폐 시장에서 금리와 GDP는
이렇게 움직인다

재화 및 서비스 시장에서는 금리가 떨어지면 GDP가 늘어난다
는 관계가 성립했다. 그런데 화폐 시장은 이와 정반대의 움직임
을 보인다. 화폐는 재화나 서비스의 거래에 필요한 수단이므로
경제 규모가 커지면 화폐 수요도 늘어난다(거래 수요). 한편 화폐
에는 거래 외에 자산으로서의 수요도 존재한다(자산 수요).

경제는 언제나 문제를 해결하는 방향으로 움직인다

금리가 높은 경우에 사람들은 위험을 어느 정도 감수하더라도 채권에 투자하는 편이 유리하다고 판단한다. 그 결과 화폐를 보유하고 싶어 하는 사람들은 줄어든다. 금리가 높을 때 화폐에 대한 자산 수요가 감소하는 것은 이 때문이다(부의 경제학 레슨7 참조).

반면에 금리가 낮을 때 채권 투자는 그리 매력적이지가 않다. 낮은 금리를 바라고 채권 투자의 위험을 감수하느니, 차라리 현금으로 보유하는 게 낫다고 생각하는 사람들이 대부분이다. 따라서 화폐에 대한 자산 수요가 늘어난다.

이렇게 금리가 오르면 자산 수요가 감소하고 금리가 떨어지면 자산 수요가 증가하는데, 경제 전체에서 화폐량이 일정하게 공급된다고 가정하면 경제는 화폐가 부족하거나, 혹은 남아도는 상태를 해결하는 방향으로 움직인다.

즉, 자산 수요가 감소할 경우에는 그만큼 거래 수요가 늘어나도록 균형을 잡는다. 거래 수요를 늘리려면 GDP가 늘어나야 하므로, 결과적으로 금리가 오르면 GDP도 증가한다.

이러한 움직임을 그래프로 나타낸 것이 바로 다음 페이지의 그림이다. 이 그래프는 LM곡선이라 불리며, 화폐의 수요와 공급이 일치할 때 금리와 GDP의 관계를 나타낸다. 참고로 L은 화폐 수요, M은 화폐 공급을 의미한다.

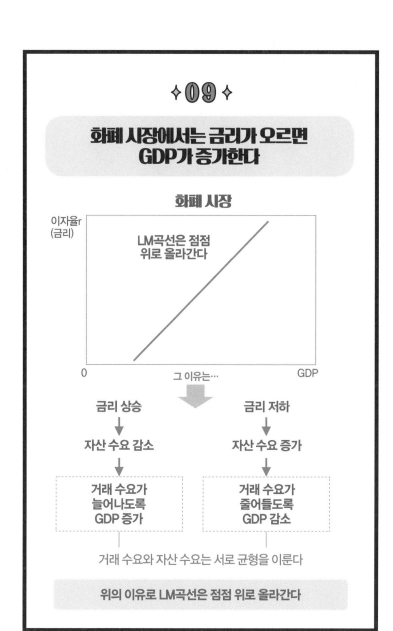

✦09✦

화폐 시장에서는 금리가 오르면 GDP가 증가한다

화폐 시장

이자율r
(금리)

LM곡선은 점점 위로 올라간다

0　　　　　　그 이유는…　　　　　　GDP

금리 상승　　　　　　금리 저하
↓　　　　　　　　　↓
자산 수요 감소　　　　자산 수요 증가
↓　　　　　　　　　↓

거래 수요가 늘어나도록 GDP 증가　　　　거래 수요가 줄어들도록 GDP 감소

거래 수요와 자산 수요는 서로 균형을 이룬다

위의 이유로 LM곡선은 점점 위로 올라간다

GDP가 결정되는 중요한 지점

지금까지 IS곡선(재화 및 서비스 시장)과 LM곡선(화폐 시장)을 설명했는데, 이 두 곡선이 서로 역방향으로 움직이는 것을 알 수 있다.

재화 및 서비스 시장에서는 금리가 떨어지면 GDP가 증가한다. 반면에 화폐 시장에서는 금리가 오르면 GDP가 증가한다. 그러니까 금리의 움직임에 따라 두 시장에서 GDP는 정반대로 움직이는 셈이다. 이 말은 곧, 어떤 금리 수준에 대해 IS곡선과 LM곡선이 서로 균형 상태를 이루는 지점에서 GDP가 결정된다는 의미다. IS-LM 분석은 이 지점이 어디인지 찾는 데 주안점을 둔다.

GDP를 구성하는 항목 중 하나가 변화하면 IS곡선이나 LM곡선에 영향을 줘서 금리 수준이 변동하도록 촉진한다. 다시 말해, 재화 및 서비스 시장과 화폐 시장의 균형이 무너져서 GDP가 새로운 균형 지점을 목표로 변화하는 것이다.

이 구조를 이해하면 경제의 움직임에 대해 어느 정도 체계적인 전망을 세울 수 있다.

유동성 함정은
큰 투자 기회가 될 수 있다

화폐 시장에서는 금리가 오르면 GDP도 늘어난다는 관계가 성립하지만, 언제 어느 때나 통하는 만능 원칙은 아니다. 대공황 등의 경우, 금리가 한계 수준까지 떨어져서 아무리 통화량을 늘려도 소비나 투자 심리가 살아나지 않는 현상이 일어난다. 이렇게 되면 GDP의 크기에 상관없이 금리가 일정해지고 LM곡선은 수평이 된다.

이런 현상을 경제학에서는 '유동성 함정'이라고 부른다.

유동성 함정, 어떤 치료법을 사용해야 할까

유동성 함정에 빠진 상태에서 LM곡선이 수평을 이루면, 아무리 금융정책을 펼쳐도 효과를 보지 못한다. 저금리와 디플레이션이 연달아 진행된 일본의 경우가 바로 그런 상황이었다. 때문에 지난 20년간 일본의 경제 정책은, 이 수렁에서 빠져나오기 위한 시도를 되풀이하는 데 머물렀다.

유동성 함정을 극복하기 위한 방법은 두 가지다. 하나는 LM곡선의 방향을 원래대로 되돌리는 근본적인 치료법이고, 다른 하나는 LM곡선이 평평한 상태라도 경제 정책이 효과를 발휘하도록 하는 대증요법이다.

이론상 LM곡선이 평평할 때 금융정책은 효과가 없더라도 재정정책은 효과가 나타난다고 설명한다. 실제로 일본도 1990년대에는 대형 공공사업을 연달아 실시했다. 그러나 눈에 띄는 효과를 얻지 못하고 빚만 잔뜩 남는 결과로 끝났다.

이런 상황이 지속된 가운데 2000년대에는 LM곡선의 평평한 상태를 근본적으로 개선하고자 하는 움직임이 나타났다. 고이즈미 내각이 추진한 구조 개혁이 여기에 해당한다. 피로도가 극에 달한 일본 경제를 다시 한 번 해체해서 시장 구조를 재건하고, 이로써 금리를 정상화하고자 시도한 것이다. 그런데 이 구조 개혁은 국민들의 반대로 좌절되었고 반쯤 실현되려는 시점에 결국 중단됐다.

2013년부터 시작한 아베노믹스는 다시 대증요법으로 되돌아갔다. 금융정책을 한층 극단적으로 추진해서 효과를 발휘하게끔 하는 양적 완화 정책을 단행했다. 처음에는 물가가 상승하고 투자가 촉진되는 것처럼 보였지만 그 후 물가가 침체 상태에 빠져서 현재에 이르렀다.

정부 정책으로 억만장자가 속출하다

'국가 정책으로 탄력을 얻은 주식은 사야 한다'라는 것은 투자의 상식이다. 정부가 진지하게 임하는 경제 정책을 거슬러서 주식을 매매하면 실패할 확률은 100퍼센트에 가깝다. 현상을 타개하려는 경제 정책이라면 적어도 처음에는 순순히 따라야 이득을 본다.

실제로 일본에서 대규모 재정정책이 실시된 1998년부터 2000년에 걸쳐 주가가 상승했고, 고이즈미 개혁이 실시된 2003년부터 2007년에도 대폭적인 상승장이 나타났다. 아베노믹스 때도 주가는 뚜렷한 상승세를 보였다. 그러나 각각의 상승장은 성격과 분위기가 판이했다.

재정정책에 따른 경기 자극책은 LM곡선의 수평화와 상관없는 대증요법이라서 그 효과는 한계가 있었고 주가 상승도 한정적이었다. 한편 고이즈미 개혁은 결과적으로 좌절되었다고는 해도 근본적인 치료였기 때문에 시장의 기대가 매우 높은 상태에서 시세가 움직였다. 이때 시장에서는 이른바 억만장자가 속출했다.

아베노믹스도 일종의 대증요법이지만 양적 완화 정책이라는 새로운 접근방식이라는 특징이 있었다. 이에 대한 기대 때문에 고이즈미 시세에 준하는 움직임이 나타났다.

똑같이 정부 정책에 부응하여 투자를 할 때도, 경제학적 의미를 이해한 투자와 그렇지 않은 투자는 차원이 다르다. 위험을 감수하는 방법이나 철수 시점 등에서 근본적인 차이가 생기기 때

문이다. 그래서 장기적인 투자에 성공하려면 폭넓은 시선을 확
보할 필요가 있다.

'부의 경제학' 한 줄 강의

- 화폐의 수요에는 거래 수요와 자산 수요가 있는데
  언제나 양쪽이 균형을 유지하는 방향으로 움직인다.
- 금리가 오르면 자산 수요가 감소하므로 이를 보충하기
  위해 GDP가 증가하고 거래 수요가 늘어난다.
- 금리가 오르면 GDP가 늘어난다는 상호관계에 따라,
  LM곡선은 우상향한다.

- LM곡선이 평평해지면 금융정책이 효과를 발휘하지
  못한다. 이런 상태를 유동성 함정이라고 부른다.
- 공공사업은 대증요법에 속하고, 구조 개혁은 근본
  치료라 할 수 있다. 각각의 처방에 따라 주식 시장에
  서로 다른 영향을 미친다.
- 정부가 추진하는 경제 정책이 있다면, 적어도
  초기에는 이에 따라 움직여야 이익을 거둘 확률이
  높아진다.

재정정책, 무조건 반길 수 없는 이유

부의 경제학
레슨 10

재정정책의 예기치 못한 부작용

재정정책은 시장에 어떤 변화를 불러올까?

IS-LM 분석은 재정정책이나 금융정책이 실시되었을 때 GDP가 어떻게 움직이는지 이해하는 토대가 된다.

재정정책은 경기 대책에 자주 활용되는 방법이다. 재정정책이 실시되면 GDP에는 어떤 변화가 일어날까? 이를 '재화 및 서비스 시장'과 '화폐 시장'으로 나눠서 생각해보자.

먼저 재화 및 서비스 시장은 어떨까? 금리 수준이 변함없는 상태에서 재정정책이 실시되면 그만큼 정부 지출이 늘어나지만 민간 투자는 똑같은 수준으로 유지된다. 그 이유는 투자가 기본적으로 금리 수준에 따라 결정되기 때문이다. 투자가 변함없고 재정정책 부분만큼 정부 지출이 늘어나서 결과적으로 GDP도 그만큼 증가한다.

그럼 화폐 시장은 어떻게 될까? 화폐 시장에서는 GDP가 늘어나면 화폐의 거래 수요가 증가한다. 화폐량이 일정하다면 그만큼 화폐의 자산 수요가 줄어들어야 균형을 잡을 수 있기 때문에 금리가 상승하고 채권 투자를 촉진하는 역학(즉, 화폐를 방출하는 기능)이 작용한다.

또한 정부가 공공사업을 실시하는 경우에는 대부분 국채를 발행해서 시중의 돈을 차입한다. 이때 국채가 대량으로 공급되어 남아돌게 되면 이자율 즉, 금리는 상승할 것이다.

정책 따라 흔들리는 민간 투자

금리가 상승하면 기업은 돈을 빌리기 어려워져서 설비 투자가 억제되는 효과가 나타난다. 투자가 위축되면 GDP가 감소해서 최종적으로는 어느 지점에서 GDP가 안정된다.

이를 앞에서 설명한 IS곡선에 적용해보자.

재정정책이 실시되면 단기간 금리 수준이 동일하다고 가정할 경우 GDP는 커지므로, IS곡선이 오른쪽으로 이동한다. 그러나

✦ 10 ✦

경기 대책으로 재정정책이 실시되면 GDP는 어떻게 될까?

재정정책을 실시할 때 IS곡선의 변화

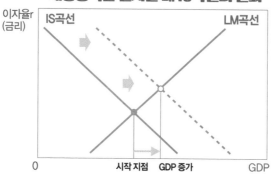

재정정책은 IS곡선을 오른쪽으로 이동시켜서
금리가 오르도록 만드는 동시에 GDP를 증가시킨다

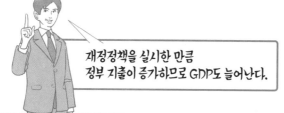

재정정책을 실시한 만큼
정부 지출이 증가하므로 GDP도 늘어난다.

GDP가 늘어나면 화폐에 대한 수요가 증가해서 결국 금리가 상승한다. 그 결과 투자와 GDP가 다시 감소하여 최종적인 지점으로 수렴한다.

처음에는 재정정책을 실시한 만큼 GDP가 늘어나지만 이것이 금리 상승을 불러서 민간 투자를 감소시킨다. 재정정책이 금리를 상승시키고 그 결과 민간 투자가 줄어든다는 것은 곧 재정정책이 설비 투자를 억제하는 것으로 해석할 수 있다. 재정정책을 실시했지만 그로써 민간 투자가 축소되어 효과가 약해지는 것을 경제학 용어로 '크라우딩 아웃'이라고 한다. IS-LM모델로 생각하면, 재정정책을 실시할 경우 왜 민간 투자 등에 미치는 영향까지 충분히 고려해야 하는지 알 수 있다.

IS곡선이 오른쪽 이동한다는 것은, 금리가 변함없는 상태에서 소득이 늘어나는 상황이다. 따라서 재정정책뿐만이 아니라 감세 등을 통해서도 똑같은 효과를 얻을 수 있다.

금리 상승에 울고 웃는 정책

물론 재정정책을 추진하면 크라우딩 아웃 현상이 늘 발생하는 것은 아니다. 또한 IS-LM 분석은 기본적으로 닫힌 경제를 전제로 하기 때문에, 자본 이동이 있을 경우에는 다른 모델을 적용해야 한다(이와 관련된 먼델-플레밍 모형(Mundell–Fleming model)에 관해서는 부의 경제학 레슨12 참조).

미국과 일본의 닮은 듯 다른 결과

일본에서는 버블 경제가 붕괴한 후 경기 대책으로서 재정정책이 반복적으로 실시되었지만 금리는 상승하지 않았다. 이론상 크라우딩 아웃이 발생하면 금리 상승으로 원화 가치가 상승하고 이것이 수출을 억제해서 재정정책 효과가 크게 떨어지게된다. 일본의 경우 금리가 상승하는 현상은 일어나지 않았지만엔고가 진행되었고 이 때문에 재정정책 효과가 억제되었다.

즉, 디플레이션 경향이 짙은 상태에서 실질적인 금리가 상승했기 때문에 크라우딩 아웃 효과가 발생했다고 생각할 수 있다.

한편 미국에서는 전형적인 크라우딩 아웃이라 할 만한 상황이 종종 발생했다. 대표적인 예로 1980년대 레이건 정부의 경제정책으로 야기된 '쌍둥이 적자'를 들 수 있다. 당시 미국은 재정 적자가 확대되고 금리가 상승하여 민간 투자가 위축되는 악순환이 일어났다. 경상수지까지 동시에 악화되었기에 당시 상황은 전형적인 쌍둥이 적자라 할 만했다(쌍둥이 적자란 일반적으로, 경상수지 적자와 재정수지 적자가 동시에 발생하는 현상을 가리킨다-옮긴이).

당시 미국은 GDP가 침체 상태에 빠지고 주가도 제자리걸음을 걸었다. 그 후 클린턴 정권이 재정 재건을 추진하여 재정 수지가 개선되었고, 그에 따라 경기도 확장되어 이후 20년에 걸쳐 주가가 장기적으로 상승했다.

현재 트럼프 정권에서도 크라우딩 아웃을 우려하는 목소리가 나오고 있다. 트럼프 정권은 10년 동안 1조 7,000억 달러에 달하는 감세 정책을 내세우며 경기 가속화를 꾀하는 중이다. 그러나 미국은 벌써 상당한 호경기를 이룬 데다 양적 완화 정책을 이미 끝낸 시점에서 금리 상승 단계에 들어섰다.

이런 상황에서 대형 감세를 실시하면 미국의 재정 수지는 악화될 것이 분명하다. 그렇게 되면 상승 중인 금리를 다시 인상하는 결과로 이어져 이것이 투자를 억제할 가능성이 높아진다. 사람들이 주택이나 자동차 대출을 받을 때도 부담이 커지기 때문에, 준비되지 않은 상태로 금리가 상승하면 자칫 소비가 위축될수 있다. 트럼프 정권의 감세 정책은 기본적으로 주가에는 플러스 재료지만 크라우딩 아웃이 실제로 우려되는 상황일 경우, 미국의 주가도 낙관적으로만 볼 수 없다.

한편 일본의 경우, 정부가 국채를 대량으로 발행했기 때문에 한 번 금리가 상승하면 국채의 판매가 또 다른 판매를 야기하는 상황이 발생할 수 있다. 이렇게 되면 연쇄적인 금리 상승이 일어날 가능성이 크다.

현재 금리가 매우 낮은 수준에서도 투자가 늘지 않는 상황을 고려하면, 금리 상승이 일단 시작되었을 때 투자 억제 효과가 커질 것을 염두에 두어야 한다.

'부의 경제학' 한 줄 강의

부의
경제학
이론

- 재정정책 등이 실시되면 IS곡선이 오른쪽으로 이동하므로 그만큼 GDP가 증가한다.
- 화폐 시장에서는 재정정책으로 금리가 상승해서 이것이 민간의 설비 투자를 억제하는 상황이 벌어지기도 하는데 이를 '크라우딩 아웃'이라고 한다.

부의
경제학
실전

- 일본에서는 크라우딩 아웃 현상이 발생하지 않았지만 실질금리가 상승해서 엔화가 강세로 돌아섰다.
- 미국에서는 트럼프 정권의 정책으로 크라우딩 아웃의 우려가 커지는 상황이다.

재정정책과 금융정책,
효과가 더 큰 쪽은?

재정정책과 금융정책,
효과가 더 큰 쪽은?

돈이 남아도는데 쓸데가 없다면

정부가 경기 대책으로 재정정책이 아니라 양적 완화 정책과 같은 금융정책을 실시한 경우에는 어떤 현상이 벌어질까?

중앙은행이 어떤 형태로든 화폐 공급량을 증가시키면 화폐 시장이 가장 먼저 영향을 받는다. GDP 수준이 변함없을 때, 돈이 넘치도록 공급되어 남아돌지만 현재로는 쓸모가 없다. 대부분의 돈은 이자를 바라며 채권 시장으로 흘러가는 결과를 보일 것이다.

사람들이 채권에 몰려들면 채권 가격은 당연히 상승한다. 채권 가격이 오른다는 것은 금리가 하락한다는 의미여서 똑같은 경제 상태에서도 저금리로 이행한다. 여러 번 설명했듯이 기업의 설비 투자는 기본적으로 금리 수준에 반비례한다. 금리가 하락하면 기업들은 돈을 쉽게 빌릴 수 있어서 민간 투자가 늘어나는 결과를 불러온다.

이때 소비나 정부 지출의 금액에는 변동이 없으므로 GDP는 투자한 만큼 증가한다. 따라서 금융 완화를 실시한 경우 재정정책 사례와 마찬가지로 이론상으로는 경기에 플러스로 작용한다.

리먼 쇼크 후 여러 나라가 양적 완화를 실시한 이유

이를 앞에서 설명한 LM곡선에 적용하면 다음과 같다.

GDP 수준이 변함없는 상태에서 화폐량이 증가하면 화폐가 공급 초과 상태가 된다. 이 상태를 해결하려면 거래 수요가 증가해야 한다. 다시 말해, GDP가 늘어나야 하므로 LM곡선이 오른쪽으로 이동한다(LM곡선이 오른쪽으로 이동한 모습은 123쪽의 그림을 참조).

LM곡선이 오른쪽으로 이동하면 금리가 하락하고 민간 투자와 GDP가 증가하며, IS곡선과 LM곡선이 만나는 점에서 새로운 균형을 이룬다. 이 지점은 이전의 GDP보다 크기 때문에 금융 완화가 경기에 플러스로 작용한다는 것이다.

하지만 금리가 한계치까지 하락한 상태에 도달하면 중앙은행이 화폐를 공급해도 어느 수준 이하로 금리가 떨어지지 않는 경우가 발생한다. 이때 LM곡선은 어느 지점에서 수평을 이루며 금리에 영향을 미치지 않는다. 이것이 앞서 설명한 유동성 함정이라는 상태다.

이런 상태가 되면 아무리 금융정책을 실시해도 효과가 없다. 유동성 함정에 빠진 경우에는 해결책으로 재정정책을 선택할 수밖에 없다는 것이 원칙이다.

이렇게 재정정책이나 금융정책에도 각기 장단점이 있다. 하지만 종합적으로 판단했을 때 금융정책이 더 효과적이라는 것이 현대 경제학의 일반적인 지론이다. 그래서 선진국들은 재정정책을 그리 선호하지 않는다. 리먼 쇼크 후의 대응책으로 각국이 양적 완화 정책을 실시한 것도 그 때문이다.

그러나 이는 전문가들마다 의견이 달라서 어느 쪽이 더 효과적인가에 대한 논의는 앞으로도 계속될 것으로 보인다.

✦ 11 ✦

경기 대책으로 금융 완화가 실시되면 GDP는 어떻게 될까?

금융 완화를 실시할 때 LM곡선의 변화

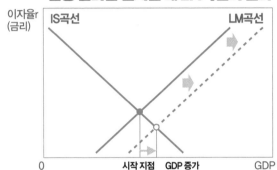

이자율r
(금리)

IS곡선

LM곡선

0

시작 지점   GDP 증가

GDP

금융 완화는 LM곡선을 오른쪽으로 이동시켜
금리를 떨어뜨리는 동시에 GDP를 늘린다

금융 완화로 넘쳐난 돈이 채권으로 흘러들어
금리가 떨어지고 투자가 증가한다.

전자 화폐 보급은
경기에 어떤 영향을 미칠까?

'현금 대국'으로 알려진 일본의 경우, 일본 내에 유통되는 지폐와 동전의 총액이 GDP의 20퍼센트 수준에 육박한다. 이는 다른 선진국과 비교하면 상당히 높은 수치다. 미국이나 유럽에서는 편의점에서 물건을 살 때도 신용카드나 전자화폐를 사용하는 사람들이 많기 때문에 길거리에서 현금을 보기가 어렵다. 또 중국처럼 카드 결제 인프라가 마련되지 않은 나라에서는 오히려 스마트폰을 사용한 전자 결제가 급속히 보급되어 결과적으로 무현금화가 단숨에 진행되었다.

일본도 최근에는 현금 위주의 환경이 큰 변화를 맞을 조짐을 보이고 있다.

'무현금화'는 과연 투자 기회일까?

일본에서는 ATM기 약 20만 대가 가동되어서 그동안 현금을 편리하게 사용할 수 있었다. 하지만 은행 입장에서 ATM 망은 점차 무거운 부담이 되고 있다.

거대 은행들은 저금리 탓에 수익이 떨어진 데다 핀테크(FinTech, Finance(금융)와 Technology(기술)의 합성어로, 금융과 IT의 융합을 통한 금융서비스 및 산업의 변화를 통칭한다-옮긴이)의 진전으로 가까운 미래에 많은 수익원을 잃을 가능성이 높아졌다. 그래서 각 은행은 어쩔 수 없이 대규모 인원 정리와 비용 삭감을 실시했고 ATM 망의 재검토가 추진되고 있다.

ATM이 소멸한 후 결제 인프라의 대안으로 떠오르는 것이 QR코드를 사용한 결제 시스템이다. 이에 일본의 거대 은행들은 QR 결제와 관련된 통일 규격 책정에 착수하기로 결정했다.

일본의 무현금화(cashless)가 몇 년 내로 단번에 진행될 경우, 거시경제적으로도 큰 영향이 나타날 수 있다.

전자화폐가 보급되면 현금 결제 비율이 줄어든다. 이렇게 되면 동일한 거래에 더 적은 양의 현금이 필요하게 된다.

기업들의 상거래 관습도 달라질 것이다. 현금 지급을 통해 상품을 인도하던 기존 관습을 재검토하게 되면 이 역시 화폐 거래의 수요가 감소하는 결과로 이어질 것이다.

경제 전체에서 화폐의 거래 수요가 줄어드는 경우에는 LM곡선의 기울기가 완만해져서 결과적으로 LM곡선이 오른쪽으로 이동할 때와 유사한 효과를 얻을 수 있다. 이는 앞에서 설명한, 화폐 공급이 증가할 때의 현상과도 비슷하다.

다시 말해 전자화폐가 보급되면 LM곡선이 사실상 오른쪽으로 이동하여 금리 저하가 발생할 가능성이 있다. 그렇게 되면 투자가 활발해져서 GDP가 확장되는 과정이 동반된다.

이렇게 전자화폐를 보급하면 경제가 활성화될 것으로 보이지만, 한편으로는 ATM 등의 설비가 사라져서 투자가 줄어들 요소도 존재한다. '반드시'라고 할 수는 없지만, 무현금화는 일본에서 큰 투자 소재가 될 가능성이 높다.

'부의 경제학' 한 줄 강의

- 금융 완화가 실시되면 LM곡선이 오른쪽으로 이동한다.
- 이때 금리가 떨어지고 투자가 촉진되면서 GDP는 증가한다.
- 금융정책은 경기 부양 효과를 불러온다.

- 일본은 현금 거래의 비중이 보기 드물게 높은 나라.
- 무현금화가 진행되면 화폐 거래 수요가 감소하여 금융 완화와 비슷한 효과를 얻을 가능성이 있다.
- 따라서 일본의 무현금 관련 기업의 주가는 상상 이상으로 상승할 수 있다.

글로벌 경제,
이론보다 본질을 파악하라

재정정책의 또 다른 변수, 무역

지금까지 설명한 금리와 GDP의 관계는 외환 거래의 영향을 고려하지 않았다. 다시 말해, 이론상으로 닫힌 경제권을 설정했다. 하지만 현실적으로는 쇄국정책이라도 실시하지 않는 한, 완전히 닫힌 경제란 존재하지 않는다. 외국에 경제가 개방된 상태에서 경제는 조금 다른 움직임을 보인다. 이를 나타낸 것이 먼델-플레밍 모형이다.

재정정책이 마이너스 효과를 나타낼 때

지금까지 설명한 것을 복습하면 이렇다. 재정정책을 실시한 경우 닫힌 경제권에서는 GDP가 늘어나고 금리가 상승한다. 금리가 상승한 만큼 민간 투자를 방해하지만 재정정책에는 일정한 효과가 있다.

여기까지는 똑같지만 개방 경제의 경우 이것만으로 끝나지 않는다. 개방된 경제권에서는 국경을 초월한 투자가 자유롭게 이루어지기 때문에 금리가 상승하면 외국에서 자금이 유입되어 그 나라의 통화 가치가 높아진다. 이 경우 결과적으로 수출이 감소하고 GDP에는 마이너스로 작용하기도 한다.

게다가 여러 나라에서 많은 자금이 유입되면 돈이 남아도는 경향을 보이며, 이 돈은 채권 투자에 쓰이므로 채권 가격이 상승하고 금리가 떨어진다. 다시 말해, 개방 경제권의 경우 애써 재정정책을 실시해도 수출 감소로 GDP가 줄어들고 금리도 곧 떨어지기 때문에 결국 원래 수준으로 되돌아온다. 이렇듯 재정정책은 개방된 경제권에서 그다지 효과를 발휘하지 못한다.

최근 들어 재정정책에 회의적인 견해가 많은 이유는 세계 경제가 글로벌화하여 위와 같은 구조가 쉽게 성립하기 때문이다. 그만큼 재정정책의 효과는 약해질 수밖에 없다.

글로벌 경제에서는 어떤 정책이 효과적일까?

그럼 금융정책은 어떨까? 닫힌 경제권에서는 금융 완화를 실시하면 화폐 시장에 돈이 남아돈다. 그 결과 채권 등의 금리가 하락하여 기업은 자금을 쉽게 빌릴 수 있다. 기업은 빌린 돈으로 투자를 확대하기 때문에 GDP는 늘어난다. 이렇게 닫힌 경제권에서는 금융정책이 큰 효과를 발휘하는 것을 알 수 있다.

그렇다면 개방 경제에서는 어떤 움직임이 나타날까? 개방 경제에서 금융정책은 닫힌 경제보다 더 큰 효과를 예상할 수 있다.

금융정책을 실시하면 금리가 떨어져서 자금이 해외로 유출되고 자국 통화가 약세를 보인다. 이에 따라 수출이 활발해져서 GDP는 증가한다. 이렇게 금리 저하로 경기가 자극을 받는 동시에 통화 약세 덕분에 수출이 늘어나서 경기가 더욱 확장된다. 한마디로 개방 경제에서는 금융정책 효과가 매우 높다.

현재 각국이 재정정책이 아닌 금융정책으로 경기를 자극하고자 하는 이유는, 글로벌 경제가 발달한 현대에는 금융정책의 효과가 더 높다고 판단하기 때문이다.

✦12✦

금융 완화는 재정정책보다 효과적이다

먼델-플레밍 모형

재정정책은 효과가 약하다

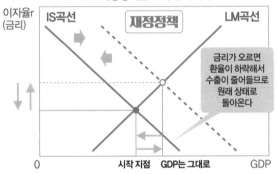

이자율r
(금리)

IS곡선   재정정책   LM곡선

금리가 오르면
환율이 하락해서
수출이 줄어들므로
원래 상태로
돌아온다

0   시작 지점   GDP는 그대로   GDP

금융정책은 효과를 발휘한다

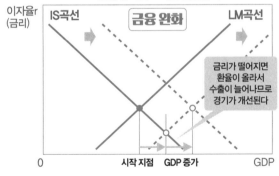

이자율r
(금리)

IS곡선   금융 완화   LM곡선

금리가 떨어지면
환율이 올라서
수출이 늘어나므로
경기가 개선된다

0   시작 지점   GDP 증가   GDP

이론이 맞지 않는 나라 미국, 올바른 투자법은?

먼델-플레밍 모형은 글로벌 경제의 표준적인 사고방식이라 할 수 있지만, 이 이론이 잘 들어맞지 않는 나라가 한 곳 있다. 바로 미국이다.

거대한 섬나라, 미국

미국은 다른 나라의 제품을 대량으로 수입하는 세계 무역의 중심 국가인 동시에, 세계 금융 시장의 중심이기도 하다. 따라서 미국의 금리는 다른 나라의 금리나 외환 등으로부터 거의 영향을 받지 않으며 미국 내의 경제 상황에 따라 결정되는 경향이 뚜렷하다.

즉, 어떤 면에서 미국은 외부와 동떨어진 거대한 섬나라라고 표현할 수 있다.

미국은 선진국 가운데 보기 드물게 인구가 증가하는 나라라서 앞으로도 착실한 수요 증가를 예상할 수 있다. 미국 경제는 왕성한 개인 소비가 바탕을 이룬다. 무역을 하는 이유는 부가가치가 낮은 제품을 좀 더 저렴하게 조달하려는 것이지, 무역을 경제 성장의 도구로 여기는 것은 아니다.

게다가 미국은 에너지 대국이기도 하다. 미국은 셰일가스 개발을 추진하여 사우디아라비아를 제외한 세계 최대의 석유 산출국이 되었고, 자국에서 필요로 하는 모든 에너지를 자급할 수 있다. 덧붙이자면 미국은 세계 굴지의 식료품 생산국이라서 마음만 먹으면 식료품도 외국에 의존할 필요가 없다.

한마디로 미국은 세계에서 완전히 고립되어도 현재의 풍요로움을 유지할 수 있을 만한 기초 체력을 보유하고 있다. 이런 사정으로 미국은 때때로 닫힌 경제권처럼 움직이는 경우가 있다.

보호무역을 실시해도 경기가 확장되는 이유

대부분의 사람들은 이 사실을 간과한다. 나는 트럼프 정권의 경제 정책을 썩 긍정적으로 평가하지 않지만 트럼프가 대통령으로 당선되자마자 미국 주식을 대량으로 추가 매수했다. 그 이유는 미국이 닫힌 경제권이라는 성격을 띠기 때문에 트럼프가 주장하는 보호무역을 실시해도 경기가 확장될 가능성이 높았기 때문이다. 감세나 인프라 투자 등, IS곡선을 이동시키는 정책이 동시에 시행된다면 충분히 그럴 터였다.

뚜껑을 열어보니 미국 경기는 실제로 확장세를 이어갔고, 미국 주식이 급상승한 덕분에 나도 큰 수익을 올릴 수 있었다.

그러나 트럼프가 선거에서 승리한 시점에는 비관적인 전망 일색이었다. 그 이유는 먼델-플레밍 모형이 제시하는 표준적인 구조에 대해 대부분의 사람들이 깊이 생각하지 않고 액면 그대로 받아들였기 때문이다. 교과서에 나오는 대로만 외우는 모범생일수록 이런 경향은 두드러진다.

투자라는 것은 '적절한 시기'가 모든 것을 좌우한다. 아무리 좋은 종목을 찾더라도 거시적으로 좋은 시기에 투자하지 못하면 전부 물거품이 되고 만다.

먼델-플레밍 모형의 본질을 이해하면 적어도 단기적으로는 트럼프 정권의 탄생이 주가에 플러스 재료로 작용하리라는 것을 충분히 예상할 수 있었을 것이다.

'부의 경제학' 한 줄 강의

부의 경제학 **이론**

- 글로벌 경제에서는 외환의 영향으로 재정정책의 효과가 약해진다.
- 한편 글로벌 경제에서는 금융정책의 효과가 매우 높다.

부의 경제학 **실전**

- 경제적인 면에서 미국은 거대한 섬나라의 성격을 띤다. 때문에 글로벌 경제와는 다른 움직임을 보이는 경우가 있다.
- 경제 이론은 본질을 이해해야 비로소 투자나 비즈니스에 응용할 수 있다.

'물가'로 정해지는
부의 기회

주가의 미래를 점치는 두 가지 곡선

물가가 변동할 때의
투자 포인트

경제 전문가는
늘 물가를 주시한다

지금까지 언급한 IS-LM 분석은 기본적으로 물가가 일정한 상
황을 전제로 했다. 하지만 현실적으로는 물가가 상하 변동하여
경제에 영향을 미치므로 물가의 움직임을 모델에 추가할 필요
가 있다. 이것이 곧 AD-AS 분석이다.

물가가 경제에 미치는 영향

경제는 수요와 공급 사이의 균형으로 성립된다. 이는 재화와 화폐의 관계에도 동일하게 적용된다. AD(총수요)곡선은 재화 및 서비스 시장과 화폐 시장이 균형을 이룰 때의 물가와 GDP의 관계를 나타낸 것이다. 물가가 떨어지면 GDP가 증가하고 물가가 오르면 GDP가 감소한다. 즉 AD곡선은 점점 아래로 내려가는데 그 이유는 다음과 같다.

IS-LM 분석 그래프에서는 화폐 시장의 균형을 나타내는 LM곡선이 위를 향해 점점 올라갔다. 이 상태에서 물가가 떨어질 경우에는 똑같은 화폐량으로 더 많은 제품을 구입할 수 있다. 이는 금융정책으로 화폐량을 증가시킨 것과 똑같은 효과를 발휘해서 LM곡선은 오른쪽으로 이동한다.

LM곡선이 오른쪽으로 이동하면 금리가 떨어지므로 투자가 촉진되어 GDP가 증가한다. 다시 말해 물가가 떨어지면 금리가 하락해서 GDP는 증가한다. 이 관계를 한마디로 표현하자면 '물가와 GDP는 역상관관계를 보인다'라고 할 수 있다. 이를 그래프로 나타낸 것이 바로 AD곡선이다.

단기적인 영향과 장기적인 영향을 구분하라

물가가 오르면 곡선의 움직임은 반대가 된다.

화폐량이 변동하지 않았을 때, 구입할 수 있는 제품의 수가 줄어들기 때문에 화폐 공급이 감소한 것과 똑같은 효과가 나타난다. 즉, 물가가 상승하면 LM곡선은 왼쪽으로 이동한다.

이렇게 LM곡선이 왼쪽으로 이동하면 금리가 오르므로 투자가 억제되어 결과적으로 GDP는 감소한다. 물가가 오르면 GDP가 줄어든다는 흐름이 성립하는 것이다.

이 이야기는 어디까지나 단기적인 것이며 장기적으로 봤을 때 물가는 시장에 공급되는 화폐의 총량으로 결정된다(화폐수량설에 관해서는 부의 경제학 레슨15에서 설명). 예를 들어 경제 전체에 공급된 돈의 양이 두 배가 되면 최종적으로는 물가도 두 배가 되지만 사회에서 거래되는 재화나 서비스의 양은 변함없다. 두 배 많아진 돈으로 두 배 비싸진 재화와 서비스를 구입하는 것뿐이다. 다시 말해 돈은 실질 경제에 영향을 주지 않는다.

그러나 단기적으로는 물가가 다양한 요인의 영향을 받아 움직이는 탓에 GDP도 크게 변동한다. 그래서 경제 전문가들이 물가 동향에 주의하는 것이다.

참고로 재정정책이나 금융정책 등 경기 자극책을 실시하면 똑같은 상태에서 GDP가 증가하므로 AD곡선은 오른쪽으로 이동한다. 즉 GDP가 늘어나고 물가가 상승하는 결과를 가져온다.

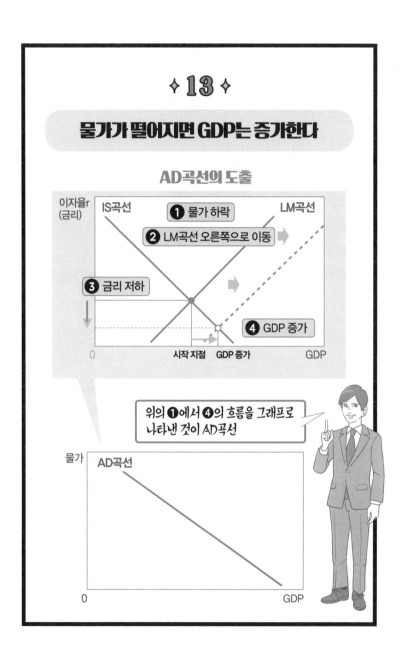

외식업체의 가격 인하, 호재일까, 악재일까?

외식업체에 투자할 때 주의할 점

물가가 오르면 소비 심리가 얼어붙어서 GDP가 감소한다는 AD 곡선의 흐름은 직관적으로 이해하기 쉬울 것이다. 특히 소비 동향은 물가의 영향을 쉽게 받는다.

일례로 일본의 외식 산업 이야기를 들 수 있다. 일본의 소고기 덮밥 체인점들은 원재료비의 급등으로 2014년 이후 잇따라 제품 가격을 인상했다. 그러다가 2015년 가을, 각 업체들이 일제히 캠페인을 실시하여 기간 한정으로 가격을 인하했다. 일부 업체는 가격을 인상하자마자 인하하는 등 좌충우돌하는 모습을 보이기도 했다.

당시 업체들이 갑자기 가격 인하 캠페인을 벌인 이유는 가격 인상으로 고객 수가 감소했기 때문이다. 고객들의 발걸음을 돌리기 위한 고육지책이었던 셈이다. 가격과 고객 심리 사이에 절묘한 균형을 이루는 지점을 찾아내지 않으면 외식 산업은 큰 이익을 올릴 수 없다.

개별 상품의 수요와 가격의 관계는 미시경제학의 범주이며 엄밀히 말하면 여기서 언급한 거시경제와의 관계와 비교했을 때 그 구조가 다르다. 하지만 최종적인 물가는 개별 상품의 축적으로 결정되므로 소매점의 판매 동향은 가격에 크게 좌우된다. 소매점이나 외식업체에 투자를 검토할 때는 이 시점을 절대로 간과해서는 안 된다. 즉, 거시적인 배경과 각 회사의 상황을 감안하여 최적의 조합을 이루는 기업을 선택하라는 것이다.

'부의 경제학' 한 줄 강의

 부의 경제학 **이론**

- IS-LM 분석에서는 일정한 물가를 전제하지만, 현실적으로는 물가가 변화하여 GDP에 영향을 미친다.
- 수요면에서는, 물가가 떨어지면 수요가 늘어나므로 GDP의 증가 요인이 된다.
- 수요면의 물가와 GDP의 관계를 나타내는 AD곡선은 점점 아래로 향한다.

 부자 경제학 **실전**

- 소매점이나 외식산업은 물가의 영향을 크게 받는다.
- 소비가 약할 때는 그 경향이 더 뚜렷해진다.

인플레이션에 강한 종목으로 수익 거두기

물가가 상승하면 누가 웃게 될까?

물가 동향은 제품이나 서비스를 구입하는 쪽(수요면)뿐 아니라 기업의 생산 활동(공급면)에도 영향을 준다. 물가 변동이 제품이나 서비스의 공급에 어떤 영향을 주는지를 나타낸 것이 AS곡선이다.

급여가 얼마나 인상되어야 실제로 올랐다고 할 수 있을까?

물가가 공급에 영향을 주는 것은 노동자의 임금이 변화하기 때문이다. 기업 입장에서 근로자에게 지급하는 급여는 낮을수록 유리하다. 임금이 낮으면 저렴한 비용으로 더 많은 노동자를 고용할 수 있기 때문이다. 그래서 기업들은 물가가 낮을 때 근로자를 대량으로 고용해서 생산을 확대하려 한다.

그렇다면 급여 수준이 낮은지 높은지를 기업들은 어떻게 판단할까? 임금이 전년도보다 올랐다 해도 물가 상승의 폭이 더 크면 기업 입장에서 노동자의 상대적인 임금은 낮아진다. 물가가 올랐다면 제품 가격에 전가해 더 많은 이익을 거둬들일 수 있기 때문이다. 따라서 기업은 명목임금이 아니라 물가의 영향을 고려한 실질임금의 동향으로 고용을 결정한다고 생각할 수 있다.

실질임금이 늘어나면 기업은 고용을 줄이고, 실질임금이 줄어들면 기업은 고용을 확대한다. 즉 실질임금과 고용 사이에는 역상관관계가 성립한다.

그럼 고용과 생산은 어떤 관계가 있을까?

기업이 고용을 늘리면 일반적으로 생산이 늘어난다. 생산이 늘면 GDP가 늘어나므로, 고용 증가는 GDP의 증가 요인이 된다.

물가상승, 경기에 득이 되는 경우와 실이 되는 경우

위의 관계를 정리하면 물가 상승→실질임금 하락→고용 증가→GDP 증가라는 흐름을 알 수 있다. 다시 말해 물가가 상승하면 GDP가 증가하고, 물가가 하락하면 GDP가 감소한다. 이 관계를 그래프로 나타낸 것이 AS(총공급)곡선이다.

이 관계에서 AS곡선은 우상향하는 모습을 보이는데, 이는 수요를 나타낸 AD곡선과는 정반대다. 최종적인 물가와 GDP는 두 곡선이 일치하는 부분에서 결정된다고 볼 수 있다.

즉, 노동 시장을 통해 수요와 공급이 일치하는 지점이 발생하며, 이에 따라 최적의 물가 수준과 GDP가 결정된다는 구조다. 물가가 오르면 고용이 늘어나는 관계를 바탕으로 도출된 함수가 바로 필립스 곡선(Phillips curve)이다.

필립스 곡선은 실업률과 물가의 관계를 나타낸 것으로 실업률을 가로축, 물가를 세로축으로 하는 경우가 많다. 이 함수에 따르면 물가가 오를 때 경기가 확장되고 GDP가 늘어나서 실업률도 줄어든다는 흐름이 나타난다(또는 GDP가 늘어나면 실업률이 줄어들고 물가가 오른다). 그래프 형태는 대체로 왼쪽 위를 향해 올라가는 양상을 보인다.

경기 동향을 분석할 때는 물가 상승이 수요 측(소비자)과 공급 측(기업)에 어떤 영향을 주는지 생각해야 한다. 물가가 상승한 경우 소비 침체보다도 기업의 생산 강화 효과가 웃돌면 경기에 플러스로 작용한다. 하지만 물가 상승이 수요를 크게 저하시킨 경우에는 결국 생산 측면에도 영향을 줘서 경기가 침체되고 만다.

어느 쪽으로 기울지는 상황에 따라 다르므로 수요 측면 또는 공급 측면에만 치우쳐서 생각해서는 안 된다.

✦14✦

물가가 오르면 GDP는 늘어난다

AS곡선의 도출

❶ 물가 상승

⬇

❷ 실질임금 하락

⬇

❸ 고용 증가

⬇

❹ GDP 증대

위의 ❶에서 ❹의 흐름을 그래프로 나타낸 것이 AS 곡선이다.

물가

AS 곡선

0   GDP

인플레이션에 강한 종목으로
돈 버는 방법

역사상 대부분의 시대는 인플레이션이었다

경제가 성장하면 기본적으로 물가도 상승하기 때문에 경제가
성장할 경우 인플레이션 경향을 보이는 것은 자연스러운 현상
이다. 주식 투자를 하는 사람이라면 잘 알겠지만 인플레이션이
진행되면 현금의 가치가 훼손되어 금융 자산이 예금에만 치우
친 사람들은 큰 손실을 입는다. 그래서 인플레이션 시대에는 주
식 등의 투자를 해야 자산 방어도 할 수도 있다.

그렇기에 현재 디플레이션 상황일지라도 인플레이션에 대비
하는 태도는 필요하다. 역사적으로 대부분의 시대는 인플레이
션이었다는 사실을 기억하라. 언제 인플레이션으로 전환되어도
상관없도록 투자 포트폴리오상 인플레이션에 강한 종목에 미리
신경 쓸 필요가 있다.

인플레이션에 강한 업종과 약한 업종

인플레이션이 진행되면 이른바 박리다매로 이익을 올리는 업
종이 불리해진다. 외식 체인점 등이 대표적인데, 낮은 가격을 강
점으로 삼은 상품의 경우 가격 전가가 어려워서 인플레이션 때

는 실적이 여의치 않게 될 가능성이 크다.

부동산은 일반적으로 인플레이션에 강하지만 인구가 감소하는 나라들은 지역 특성을 충분히 고려해야 한다. 글로벌 종목 역시 인플레이션에 강한 업종 가운데 하나다.

'부의 경제학' 한 줄 강의

- 물가는 제품이나 서비스의 공급에도 영향을 미친다.
- 공급 측면에서 물가가 오르면 실업률이 감소하고 생산이 확대되므로 물가 상승은 GDP의 증가 요인이 된다.
- 필립스 곡선은 이러한 관계를 토대로 만들어진 함수다.

- 디플레이션 상태일지라도 인플레이션에 대비하여 투자 종목을 관리해야 한다.
- 인플레이션 시기에 박리다매 업종은 불리하며, 부동산 및 글로벌 종목이 유리하다.

'기대'를 구입하고 '현실'을 파는 물가의 원칙

물가가 두 배로 뛰면 어떤 현상이 벌어질까?

IS-LM 분석에서는 화폐 수요가 금리에 따라 변화하는 것을 대전제로 한다. 이는 케인스 경제학을 바탕으로 한 주장이지만, 화폐에 관해서는 다른 견해도 있다. 바로 고전파의 화폐수량설이다.

화폐수량설은 물가가 화폐량에 비례한다는 경제학 이론이다. 화폐수량설에서는 화폐량이 실질 경제에 영향을 주지 않으며, 단지 겉보기 물가를 바꾸는 데 지나지 않는다고 설명한다. 즉,

돈의 양이 두 배가 되면 물가가 두 배가 될 뿐 제품을 더 생산하게 되는 것도, 사람들이 제품을 더 많이 구입할 수 있는 것도 아니라는 것이다. 유통되는 돈이 많아지는 만큼 물가가 오르는 것뿐이라서, 실질 경제가 변화하지는 않는다고 생각하면 된다. 화폐라는 것이 단지 거래를 중개하는 도구에 불과하다는 '화폐의 중개성'에 배경이 되는 이론이기도 하다.

피셔의 교환방정식이란?

화폐수량설은 긴 시간대로 보았을 때 유효하다고 알려져 있다. 실제로 한 나라에 화폐 공급이 많이 늘어날수록 물가 역시 같은 비율로 늘어나는 것을 확인할 수 있다. 그렇지만 단기적으로는 화폐량의 변화가 실질 경제에 크고 작은 영향을 줄 수밖에 없다. 때문에 이 이론은 상황에 따라 적절히 적용해야 한다.

화폐수량설을 근거로 하여 물가와 화폐의 관계를 단순하게 나타낸 것이 '피셔의 교환방정식'이다.

$$MV = PT$$

여기서 M은 화폐량, V는 화폐의 유통 속도, P는 가격, T는 거래량이다.

V는 각 나라별로 고유한 수치가 있어서 단기간에 변화하지 않는다. 거래량 T는 실질GDP(국내총생산)로 대체할 수 있으므로, 물가 수준 P는 화폐량과 GDP가 결정하게 된다. 만약 실질 GDP도 크게 변동이 없다고 할 경우 화폐량이 물가 수준을 결정한다는 결론을 내릴 수 있다.

정부는 가만히 있는 것이 상책?

화폐수량설의 시각에서 보면 화폐량을 조절해도 물가를 높이거나 낮출 수만 있을 뿐, 실질 경제에는 영향을 미칠 수 없다. 따라서 각종 금융정책은 효과가 없다는 결론이 나온다. 그러므로 화폐수량설을 엄격히 적용하는 입장에서는 각종 금융정책을 실시하는 것이 무의미해진다. 정부는 그냥 가만히 있는 것이 상책이라는 이야기다.

현재 일본 등에서 실시하는 양적 완화 정책의 경우, 중앙은행이 자산을 적극적으로 매입해서 시장에 화폐를 공급하는 정책이다. 이는 중앙은행이 화폐를 대량으로 공급하면 인플레이션이 발생한다는 이론에 입각하므로, 기본적으로는 화폐수량설을 토대로 한다. 그렇지만 엄밀한 의미의 화폐수량설은 금융정책을 부정하기 때문에 양적 완화 정책을 화폐수량설로만 설명할 수는 없다.

이론상 중앙은행이 제공하는 화폐가 두 배가 되면 단순히 물

✦15✦

물가는 화폐량에 비례한다

피셔의 교환 방정식

MV=PT

M	화폐량(발행된 화폐의 양)

V	화폐의 유통 속도(보통은 일정하다)

P	물가 수준

T	거래량(실질GDP)

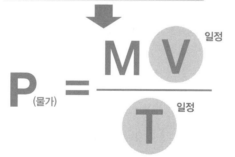

$$P_{(물가)} = \frac{M \quad V^{일정}}{T^{일정}}$$

**GDP가 달라지지 않는다면
물가는 화폐 공급량으로 결정된다**

가는 두 배가 된다는 계산이 나온다. 양적 완화 정책에서는 기대 인플레이션이 발생하면 실질금리가 저하되어 투자가 확대된다고 설명하는데, 이는 IS-LM 분석에서 말하는 구조와도 일치한다.

다양한 사고방식과 이론을 융합하는 것이 미덕인 요즘에는 어느 한 이론에 매몰되기보다 다양한 시각을 융통성 있게 적용하는 편이 현명할 것이다.

'기대'를 구입하고 '현실'을 판매하라

화폐수량설은 단기적으로는 성립하지 않는 경우가 많다. 하지만 투자의 세계에서는 반드시 그렇다고 할 수 없다. 주가나 환율은 대부분의 경우 투자자들의 기대치로 형성되며, 그 범위 안에서는 특정한 이론에 충실한 경우도 허다하기 때문이다.

양적 완화 정책의 효과
양적 완화 정책은 그리 효과적이지 않다는 평가를 받았으나, 일정 기간 내의 외환 시장이나 주식 시장에서는 나름대로 효과를 발휘했다.

일본은행은 2013년 4월 금융정책 결정회의에서 자금을 대량으로 시장에 공급하는 제2차 양적 완화 정책을 단행했다. 그 결과 일본은행이 금융기관에 공급하는 돈의 총량을 나타내는 본원통화는 연간 80조 엔(약 860조 원)으로 대폭 확대되었다.

이 양적 완화 정책에 가장 먼저 반응한 것이 외환이다. 아베 정권이 시작되기 전에는 환율이 1달러에 800엔대였지만 2013년에는 1달러에 100엔까지 하락했으며 2015년에는 1달러에 120엔이 되었다. 주가도 이에 맞춰서 크게 상승했다.

2012년 1만 엔 이하로 하락했던 니케이 평균은 2013년 후반에 1만 5,000엔대를 기록했고 2015년에는 2만 엔을 돌파했다. 외환 시장이 즉각 반응한 것은 일본은행의 화폐 공급으로 엔화 가치가 하락하리라는 판단 때문이다. 실제로 본원통화의 금액은 반년 만에 30퍼센트가 증가했으며 외환은 같은 시기에 약 20퍼센트가 감소했다.

원화가 약세가 되면 그만큼 수출 산업의 매출과 이익이 증가하고 그와 더불어 주가도 상승한다. 시장이 인플레이션 기대를 갖도록 하겠다는 일본은행의 의도는, 일단 단기적인 시장 동향에는 적중했다고 할 수 있다.

은행이 보유한 현금이 풀리는 시기에 주목하라

양적 완화 정책은 경기를 활성화시키려는 것이기 때문에 실질 경제가 좋아지지 않으면 의미가 없다. 하지만 투자는 '기대'로 구입하고 '현실'을 판매하는 방식이 통하는 세계다. 일부 투자자들은 양적 완화 정책에 곧바로 반응하여 큰 이익을 올리는 데 성공했다.

한편 화폐수량설이 장기적으로 잘 들어맞는 이론이라고 한다면, 중앙은행이 시장에 공급한 대량의 자금은 장래의 인플레이션 요인으로 볼 수 있다.

2018년 9월 말 시점에 일본은행은 국채 462조 엔(약 4,987조 원)을 보유하고 있으며, 당좌예금에는 396조 엔(약 4,273조 원)의 현금이 쌓여 있다. 은행은 국채 매각 대금으로 입금된 자금을 활용하지 못하고 그저 돈을 맡고 있는 상태다.

일본의 GDP는 530조 엔(약 5,730조 원) 규모다. 여기에 400조 엔(약 4,320조 원) 가까운 현금이 단기간에 제공되면 물가가 즉시 두 배 정도로 올라도 이상하지 않다. 현재 일본은행이 제공한 자금은 '초과지급준비금'이라는 형태로 일본은행의 당좌예금에 그냥 쌓여 있다. 이 돈이 시중에 풀리지 않는 한 인플레이션이 발생할 일이 없다. 하지만 사람들의 예상을 깨고 자금이 풀리면 인플레이션이 가속될 가능성은 충분하다.

그럴 경우, 먼저 외환이 엔저 현상을 보이고 그 뒤를 이어 주가가 크게 상승할 것이다. 그러므로 투자자들은 당좌예금 상태를 늘 확인해두어야 한다.

'부의 경제학' 한 줄 강의

- 화폐수량설에 따르면 물가는 화폐량으로 결정된다고 한다.
- 단기적으로 물가는 경제에 영향을 미치지만, 장기적으로 보면 경제에 큰 변동은 없다.
- 화폐수량설은 주로 장기 분석에 적용한다.

- 중앙은행이 돈을 대량으로 공급하더라도 당좌예금에 쌓여 있는 경우 인플레이션을 유발하지 못한다.
- 화폐수량설이 옳다면 결국 이 돈은 시장에 풀려 물가를 상승시킬 것이다.

해외투자?
무역 상식이 절반이다

외환 투자에
꼭 필요한
'화폐 교양'

무역, 상대국보다
뛰어나야 이긴다?

비교우위,
어느 쪽이 돈을 버는가?

먼델-플레밍 모형에서 설명했듯이 외국과의 무역이 자유롭게
이루어지는 상태에서는 재정정책 효과가 약해진다. 그럼에도
대부분의 나라가 자유무역을 선택하는 것은 그 편이 모든 나라
에 더 큰 이익이 되기 때문이다.

자유무역의 장점은 경제학의 비교우위설로 설명할 수 있다.
비교우위설의 핵심은, 각국이 잘하는 분야에 특화해야 모두에
게 이익이 된다는 것이다.

미국보다 비행기를 잘 만들지 못해도 괜찮은 이유

각 나라마다 뛰어난 분야와 부족한 분야가 있다. 그러므로 스스로 모든 것을 조달하는 방법은 그리 합리적이라 할 수 없다. 자국 경제 안에서 상대적으로 잘하는 것에 특화하고 못하는 것은 수입해야 경제 전체의 생산력이 증가하며 모두가 풍요로워질 수 있다.

그런데 비교우위설을 종종 오해하는 사람들이 있다. 가장 많이 오해하는 부분은 바로 '상대국보다 더 잘하는 산업에 특화해야 한다'는 것이다. 만약에 그렇다면 다른 나라보다 강한 산업이 없는 나라는 아무것도 할 수 없다. 비교우위설은 그런 의미가 아니라, 국내 산업 가운데 좀 더 잘하는 것에 집중한다는 것이다. 참고로 상대국보다 강하다, 혹은 약하다라는 개념은 '절대우위'라고 하며 '비교우위'와는 구별된다.

예를 들어 항공기 분야 중에도 항공기 본체를 제조하는 사업과 부품을 직접 만드는 사업이 있다. 항공기는 원래 미국에서 발달한 산업이라 항공기 본체나 부품 모두 미국 기업들이 우위를 차지하고 있다. 어떤 나라든 항공기 산업으로 미국보다 앞서기는 쉽지 않을 것이다. 하지만 적어도 그 나라 내에서 비교하면 항공기 본체를 제조하는 것과 부품을 만드는 일 중에, 더 강점이 있는 분야는 있을 것이다. 그렇다면 상대적으로 약한 분야에 힘을 들이지 말고 강한 분야에 집중하는 편이 유리하다. 이는 미국에도 적용되는 이야기다. 만약 미국이 항공기 본체를 만드는 분야에 더 뛰어나다면 여기에 특화해야 합리적이다.

자유무역은 왜 모두에게 이로운가

좀 더 자세히 설명해보자. 미국에서 항공기 본체 한 대를 제조하는 데 노동자 80명이 필요하다고 가정하자. A국가는 그보다 더 많은 120명이 필요하다. 한편 부품 전체를 제조하는 데 필요한 인력의 경우 미국은 90명, A국은 100명이 각각 필요하다.

A국은 미국보다 항공기 본체나 부품 분야 생산성이 모두 떨어지지만, 자국 내에서는 본체보다 부품이 더 우위에 있다. 한편 미국은 두 분야 모두 A국보다 뛰어나지만 항공기 본체에 특히 강점이 있다.

이 경우 미국은 항공기 본체를 만들고 A국은 부품을 만들어서 부족한 부분은 서로 수입해야 전체의 생산량이 많아진다. 상세한 계산은 생략하겠지만 미국은 항공기 본체에 특화할 때 생산량을 약 7퍼센트, A국은 부품에 특화할 때 생산량을 10퍼센트 정도 늘릴 수 있다.

이것이 자유무역의 장점이다. 각국이 TPP(환태평양 경제동반자 협정. 아시아 태평양 지역 경제 통합을 목표로, 참여국끼리 관세를 철폐해 투자와 무역을 자유화하는 다자간 자유무역 협정-옮긴이)와 같은 자유무역체제를 추진하는 것 역시 이런 장점을 누리기 위해서다.

✦ 16 ✦

비교우위설로 살펴보는 자유무역의 이점

미국과 A국이 비교우위 산업에 특화하지 않은 경우

	항공기 본체		항공기 부품	
	필요 인력	생산량	필요 인력	생산량
미국	80	1	90	1
A국	120	1	100	1
합계 생산량	2		2	

미국과 A국이 비교우위 산업에 특화한 경우

	항공기 본체		항공기 부품	
	필요 인력	생산량	필요 인력	생산량
미국	170	2,125	0	0
A국	0	0	220	2.2
합계 생산량	2,125		2.2	

문제는 각국이 특정 분야에 과도하게 집중할 때 생긴다. 산업이 편재되어 한쪽으로 심하게 치우치면 경쟁 구도가 사라지고 세계 경제가 정체될 수도 있다. 또한 많은 나라들은 산업 구조를 유연하게 바꿀 수 없는 사태에 직면하게 될 수도 있다.

자유무역이 긍정적인 재료가 되는 경우

그렇다면 비교우위설을 토대로 했을 때 투자자들은 TPP 같은 자유무역 협정을 어떻게 바라보고 해석해야 할까?

자유무역을 실시할 경우 각국의 산업에 효율성을 높일 수 있다는 장점이 있으나, 반면에 산업이 한군데로 편중된다는 단점이 생길 수 있다. 이 단점을 장점이 훨씬 웃돈다면 자유무역의 추진이 주가에 긍정적인 재료가 될 것이다. 그 반대 경우라면 당연히 주가에 마이너스 영향을 미치게 된다.

경제에 농업이 차지하는 비율은 고작 1퍼센트

신흥국은 농업에서 경공업, 중공업의 형태로 산업을 변화시켜가면서 사회를 풍요롭게 하는 정책을 채용한다. 농작물 수출로 벌어들인 외화를 경공업 설비에 투자하고 그 이익을 다시 고도 산업 지원에 충당하는 식이다.

그런데 여기에 완전한 자유무역 체제가 파고들면 경우에 따라서는 신흥국이 산업을 전환하지 못하게 된다. 그래서 신흥국들이 TPP 같은 자유무역 체제에 신중한 자세를 보이는 것이다.

반면에 선진 공업국가들의 경우 산업 편재의 단점이 그리 큰 손실을 불러오지 않는다. 물론 자유무역 협정이 체결되면 일부 농업 분야는 상당한 타격을 입는다. 하지만 이들 나라는 전체 경제에서 농업이 차지하는 비율이 크지 않다. 게다가 수산물, 채소 등 소비 지역과 생산 지역이 가까워야 거래가 성립하는 품목들은 수입품의 영향을 그리 많이 받지 않는다. 설령 일부 농업 분야가 쇠락해서 공업이나 서비스업으로 산업 구조가 바뀐다 해도 거시적인 영향은 거의 없다고 볼 수 있다.

개별 농가 등에 대한 지원은 또 다른 이야기이므로 어디까지나 투자라는 관점에서만 생각할 경우, 이런 선진 공업국에게 자유무역 협정은 확실히 플러스 재료가 된다.

이때 자유무역의 장점을 충분히 살리려면 타국에서 생산하는 것이 유리한 제품은 철저하게 수입하고 자국의 고부가가치 분야에 특화하는 흐름을 만들어야 한다.

'부의 경제학' 한 줄 강의

- 자유무역에 따른 분업은 참여한 모든 나라에게 이점이 있다.
- 다른 나라보다 뒤떨어지는 분야라도 자국 안에서 더 우위가 있는 분야에 집중하면 전체 생산량이 확대된다(비교우위설).
- 한편으로 자유무역을 실시할 경우 분업이 과도하게 진행될 위험도 따른다.

- 자유무역의 장점이 산업 편재라는 단점을 웃돈다면 주가에 긍정적인 재료가 된다.
- 자유무역을 실시할 경우, 신흥국들은 산업 구조 전환이 더뎌질 우려가 있다.
- 선진 공업국들은 일부 1차산업에 타격을 입을 수 있지만 거시적인 영향은 거의 없다.

무역 적자. 투자해야 할까, 말아야 할까?

 '경상수지'와 '금융수지'는 일치한다

국제수지를 쉽게 설명하자면, 외국과의 거래로 얼마를 받고 얼마를 지불했는지를 나타낸 것이다. 경제 구조에서 무역의 비중이 큰 나라들은 특히 국제수지에 주의를 기울여야 한다.

경상수지와 금융수지의 차이

국제수지는 크게 두 종류로 구분할 수 있다. 하나는 '경상수지'이고 또 하나는 '금융수지'다.

경상수지는 국가 간 거래에 따른 수입과 지급을 종합적으로 나타낸 것이다. 좀 더 세분화하면 경상수지는 제품이나 서비스의 거래를 나타내는 '무역수지'와 이자나 배당에 따른 수지를 나타내는 '소득수지'로 나뉜다. 제품이나 서비스를 외국에 판매하면 무역수지가 흑자가 되고 이자나 배당을 받으면 소득수지가 흑자가 된다.

한편 금융수지는 보유한 자산이나 부채의 증감에 따르는 수지다. 즉, 자산이나 부채가 늘어났느냐 줄어들었느냐에 관한 이야기다. 자산이 늘어나면 금융수지가 흑자가 되고, 자산이 줄어들면 금융수지가 적자가 된다.

국제수지의 정의상 경상수지와 금융수지는 같다. 다시 말해 무역에서의 금전 출납과 금융에서의 금전 출납을 비교하면, 양쪽의 숫자는 반드시 일치한다.

예를 들어 무역수지가 흑자일 경우에는 외화를 대금으로 받았으므로 그 금액만큼 외화 자산이 늘어났다고 생각할 수 있다. 금융수지는 그 증가한 몫을 플러스로 기재하므로 양쪽의 금액이 같아진다. 반대로 무역수지가 적자일 경우에는 무역 적자의 몫만큼 돈이 빠져나가서 그만큼 보유 자산이 감소하기 때문에 금융수지는 적자가 된다. 그 밖에도 무상 원조처럼 대가가 따르지 않는 거래 등을 포함하는 '이전수지'라는 것도 있지만, 여기서는 따지지 않도록 한다.

✦ 17 ✦

무역의 비중이 큰 국가에서는 국제수지가 중요하다

국제수지

경상수지
주로 제품이나
서비스의 수지

금융수지
대외적인 자산의 증감

무역수지
제품이나 서비스의
수출입

소득수지
이자나 배당의 지불,
수취

경상수지와 금융수지는 일치한다.

경상수지와 금융수지의 금액이 일치한다는 것은 곧 국제수지의 정의이므로 언제나 반드시 성립한다.

국민들에게 국제수지보다 더 중요한 것

기업 회계에서는 손익계산서와 대차대조표를 사용한다. 제품을 판매하면 그만큼 손익계산서에 계상되고 그와 동시에 대차대조표의 현금 항목이 증가한다. 이때 손익계산서상의 이익과, 증가한 현금의 액수는 늘 일치한다.

경상수지와 금융수지가 일치한다는 것은 손익계산서의 수지가 대차대조표의 자산 증가분과 일치한다는 뜻이며, 실물자본(스톡) 증가분과 재화의 유통량은 일치한다는 원론적인 이야기이기도 하다.

이야기가 옆길로 조금 샜지만 결국 국제수지는 무역이나 돈의 대차로 돈이 얼마나 증감했는지를 나타낸 것이다. 그렇지만 그 나라가 풍요로운지 아닌지는 기본적으로 GDP의 증감으로 확인한다. 아무리 무역 흑자라도 GDP가 순조롭게 늘어나지 않으면 풍요로움을 실감할 수 없으며, 반대로 적자라도 그것이 GDP의 성장으로 직결되면 국민들은 풍요로운 생활을 할 수 있다. 단순히 흑자면 풍요로워지고 적자면 가난해진다는 이야기가 아니라는 점에 주의해야 한다.

미국의 무역 전쟁,
어떻게 대응해야 할까?

트럼프 정권은 중국과 일본에 대해 무역 적자가 개선되어야 한다고 강력하게 주장하고 있다. 이런 주장의 배경에는, 무역 적자가 해소되면 그것이 곧 미국 경제의 성장으로 이어진다는 사고방식이 자리한다.

트럼프 정권의 무역 정책은 주가에 어떤 영향을 미칠까?

무역 적자를 해소하는 것이 경제 성장과 직결된다는 생각은 경제학의 주된 시선과는 거리가 있다. 중요한 것은 투자자의 입장에서 트럼프 정권의 경제 정책을 어떻게 받아들이고 투자 행동을 결정할 것인가다.

트럼프 정권이 지금처럼 중국이나 일본에 완고한 통상 정책을 추진할 경우, 어떤 일이 일어날지 경제학적으로 생각해보자.

미국이 많은 상품을 수입하는 것은 미국 경제의 수요가 공급보다 더 크기 때문이다. 미국의 소비자는 소득이 높아서 소비 의욕이 왕성하다. 자국에서 생산하지 못하는 것은 다른 나라에서 조달하여 수요를 충족할 수 있다. 대부분의 경우 부가가치가 낮고, 다른 나라에서 만들어야 비용이 절감되는 상품을 구입한다.

이는 미국인의 높은 소비 욕구에서 비롯된 상황이기 때문에, 미국인들의 소비가 갑자기 감소할 가능성은 별로 없다. 미국은 인구가 점점 늘어나고 있으므로 오히려 소비는 더욱 확대될 가능성이 높다.

이런 상태에서 특정 상품에 관세를 부과하고 수입을 의도적으로 줄인다면 어떤 현상이 일어날까?

관세 대상이 된 제품의 수입은 당연히 감소하겠지만 이 제품을 수입한 기업에게는 두 가지 선택지가 생긴다. 하나는 미국산 제품으로 변경하는 것, 또 하나는 또 다른 나라의 수입품으로 변경하는 것이다. 실제로는 두 가지 경우가 동시에 발생할 것이다.

먼저 다른 나라에 같은 상품이 있는 경우 그쪽으로 수입처를 변경할 것이다. 그러므로 수입 총액은 달라지지 않는다. 한편 미국산으로 바꾼 경우는, 일반적으로 수입품보다 상품 가격이 높은 탓에 미국의 물가에 상승 압력이 더해진다.

극단적인 상황이 벌어질 가능성은?

물가가 상승하면 금리도 쉽게 올라서 달러도 상승할 여지가 많아진다. 달러가 오르면 수입에 유리해져서 이는 수입을 증가시키는 효과를 불러온다.

상대국의 입장에서도 마찬가지 상황이 벌어진다. 미국에 대한 수출이 감소하면 수출 대가로 받는 달러도 줄어든다. 자국 통화로 바꾸기 위한 달러 판매도 감소할 수 있으며, 이 역시 달러 가치가 상승하는 요인이 된다.

결국 전면적인 무역 제한이 장기에 걸쳐서 지속되지 않는 한 미국의 수입량이 크게 줄어들 일은 없을 것이다. 그러므로 전면적인 무역 제한과 같은 극단적인 조치가 시행되지 않는 한, 투자 자세를 크게 바꿀 필요는 없을 것으로 보인다.

'부의 경제학' 한 줄 강의

부의 경제학 **이론**

- 국제수지는 크게 경상수지와 금융수지로 나눌 수 있다.
- 정의상 양쪽의 숫자는 일치한다.
- 국제수지와 GDP의 성장률은 직접 연동되지 않는다.

부의 경제학 **실전**

- 미국의 관세 조치가 발효되었지만 상대국 입장에서는 상황이 크게 달라질 가능성은 낮다.
- 미국이 전면적으로 무역을 제한하지 않는 한 투자 자세를 변경할 필요는 없다.

환율을 움직이는 원리 '일물일가의 법칙'

부의 경제학 레슨18

알 듯, 모를 듯한 '일물일가의 법칙'

외국과의 거래를 생각한다면 환율은 피할 수 없는 개념이다. 환율은 다양한 요인으로 움직이기 때문에 무엇으로 환율이 결정되는지 단순히 판단할 수는 없다. 하지만 장기적으로 봤을 때 환율은 각국의 물가 수준으로 결정된다는 것이 일반론이다.

한국의 햄버거로 미국에서 돈을 벌 수 있다?

환율과 물가가 서로 밀접한 관련이 있는 이유는 이른바 '일물일가'의 법칙으로 설명할 수 있다. 쉽게 말하면 물가가 비싼 나라의 통화 가치는 낮아지고 물가가 싼 나라의 통화 가치는 높아진다는 단순한 이론이다.

각국의 맥도널드 햄버거 가격을 비교한 이른바 '빅맥 지수'는, 일물일가의 법칙을 설명하는 적절한 사례가 된다. 일물일가의 법칙이 성립할 경우, 어느 나라의 빅맥 가격이 계속해서 상승하는 일은 있을 수 없다. 물가가 상승한 나라의 통화 가치는 하락하고 물가가 하락한 나라의 통화 가치는 상승해서 최종적으로 빅맥 가격이 일정한 수준으로 수습된다.

예를 들어 미국에서 파는 어떤 햄버거의 가격이 1달러라고 해보자. 이때 원/달러 환율은 1달러에 1,000원이라고 가정한다. 한국에서 이 햄버거 가격은 1,000이 된다.

그런데 미국의 물가가 두 배 상승해서 햄버거 가격이 한 개에 2달러가 되었다. 여기서 한국과 미국의 환율이 변동하지 않는다고 하면, 한국에서 1,000원을 내고 햄버거를 구매하여 미국에서 2달러에 팔면 차액 1달러를 벌 수 있다는 이야기가 된다. 하지만 이 상태를 모두가 방치할 리 없다. 곧 환율이 움직여서 원화 가치가 상승하고, 원/달러 환율은 1달러에 500원이 될 것이다.

그렇게 될 경우 한국에서 1,000원짜리 햄버거를 사려면 2달러가 필요하고 미국에서 팔아도 2달러이므로 이익이 되지 않는다. 햄버거 가격이 동일하게 유지되는 것이다.

정리하자면, 일물일가의 법칙에서 물가가 오른 나라의 통화는 약세를 보이고 물가가 떨어진 나라의 통화가 강세를 보인다. 여기서는 햄버거라는 단일 상품을 예시로 들었지만, 모든 상품의 평균 가격에 적용한 것이 곧 구매력평가환율(한 국가의 화폐는 다른 국가에서도 같은 구매력을 가진다는 전제 아래, 각국에서 사용되는 화폐의 구매력에 따라 정한 환율-옮긴이)이다.

최종적으로 환율을 움직이는 것은?

구매력평가환율은 장기적으로 보면 현실 환율과 높은 상관관계를 나타낸다.

일본의 경우 최근 20년 동안 계속 디플레이션이 이어져서 물가가 하락했다. 한편 미국의 물가는 일관된 상승세를 보였다. 그동안 양국 간의 물가 괴리를 환율이 조정한 결과 엔고, 달러화 약세가 지속되었다.

단기적으로 환율은 다양한 요인으로 오르내리지만 장기적으로는 구매력 평가에 따라 움직이는 경우가 많다. 환율은 금리로 결정된다고도 하지만 금리 또한 물가와 밀접한 관계가 있다. 그러므로 최종적으로는 환율이 물가로 움직인다고 생각해도 문제없을 것이다.

✦ 18 ✦

환율은 각국의 물가 수준으로 정해진다

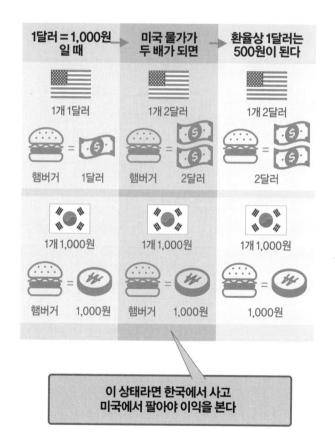

1달러 = 1,000원 일 때	→ 미국 물가가 두 배가 되면	→ 환율상 1달러는 500원이 된다
1개 1달러	1개 2달러	1개 2달러
햄버거 = 1달러	햄버거 = 2달러	= 2달러
1개 1,000원	1개 1,000원	1개 1,000원
햄버거 = 1,000원	햄버거 = 1,000원	= 1,000원

이 상태라면 한국에서 사고
미국에서 팔아야 이익을 본다

고금리의 외채 투자는
과연 안전할까?

일본의 경우 오랫동안 저금리가 이어진 탓에 고이율의 외국채
가 투자자들 사이에서 인기를 끌고 있다. 터키나 브라질 등 신흥
국의 통화로 발행된 외국채는 이율이 높은 경우가 많아서 일부
투자자들은 상당히 매력적인 상품으로 인식하는 듯하다. 하지
만 일물일가의 개념을 이해하면 이런 상품이 반드시 유리하다
고만 할 수 없음을 이해하게 된다.

100퍼센트 이익을 얻는 상품이란?

어느 신흥국의 채권 이율이 7퍼센트라고 가정하자. 만약 등
급평가가 높은 국제 금융기관 등이 발행한 채권이라면 상환은
거의 확실하게 된다고 보아도 무방하다. 그러면 이 상품은 이율
은 높고 위험 수준은 그리 높지 않은, 상당히 유리한 상품일까?

현실적으로는 그렇지 않은 경우가 대부분이다. 그 이유는 금
리가 높은 통화는 대체로 인플레이션 비율이 높고 그만큼 통화
가치가 하락할 가능성도 높기 때문이다. 어느 신흥국의 국채 이
율이 7퍼센트였다는 것은 그 나라에서 매년 7퍼센트 정도의 물
가 상승, 즉 인플레이션이 발생했다는 뜻이다. 그 나라의 통화와

한국 원화의 환율 변동이 없다고 할 때, 그 나라에서 국채를 운용하고 한국에 돈을 되돌리면 이익을 100퍼센트 얻을 수 있다는 계산이 나온다.

마냥 유리한 상황은 존재하지 않는다

그러나 여기서 또다시 등장하는 것이 앞에서 설명한 일물일가의 법칙이다. 현실에서는 이런 이익이 아무렇지 않게 실현되도록 시장에서 방치하지 않는다.

상대국 통화와 원화 사이에 매도와 매수가 이루어질 때, 그 나라의 인플레이션으로 인한 물가 상승분이 반영된다. 때문에 환율로 조정되어 얻을 수 있는 이익은 결국 달라지지 않는다.

이는 모든 투자 상품이 마찬가지라서 어느 상품만 다른 상품에 비해 압도적으로 유리한 일은 원칙적으로 있을 수 없다. 시장의 이런 원리를 부정하는 거래가 간혹 이루어지기도 하는데, 이를 재정거래라 한다. 재정거래란, 어떤 상품의 가격이 시장 간에 상이할 경우 가격이 싼 시장에서 매입하여 비싼 시장에 매도함으로써 매매차익을 얻는 거래행위를 뜻한다. 물론 그 기회는 지속되지 않고 곧바로 소멸한다.

외환 시장에서도 이론과는 다른 움직임을 통해 이익을 보는 경우가 있다. 각국 환시세가 불균형을 이루는 일정 시점에 그 차익을 얻으려는 목적으로 외환거래를 하기도 한다. 하지만 이런 경우는 어디까지나 예외에 속한다.

금리가 높은 외화 예금도 기본적으로는 채권과 같다. 금리가 높은 나라는 인플레이션 비율이 높아서 환율이 떨어질 가능성 또한 높다. 순조로운 통화 강세 흐름을 타는 경우라면 큰 이익을 얻을 수 있겠지만, 이것은 오히려 예외적인 패턴으로 보아야 한다.

게다가 상대적으로 가치가 낮은 통화와 관련된 상품의 경우 환전, 송금, 이체 등의 수수료가 고액인 경향이 강하다. 문제는 이런 외환 수수료가 수수료라는 형태로 명시되지 않으며, 환율에 따라 조정되기 때문에 수수료가 얼마나 붙었는지 즉시 계산할 수 없는 경우가 대부분이다.

그래서 달러나 유로가 아닌, 신흥국의 통화에 투자하는 경우에는 물가 동향 등 그 나라의 경제를 확실히 이해한 후에 시도해야 한다.

'부의 경제학' 한 줄 강의

- 제품의 가격에는 일물일가의 법칙이 작용한다.
- 구매력 평가는 이를 외환에 응용한 것이다.
- 장기적으로 봤을 때 환율은 각국의 물가 수준으로 결정되며, 구매력 평가와 일치한다.

- 외채에는 고이율 상품이 많은데 금리 이면의 배경을 확인해야 한다.
- 금리가 높다는 것은 인플레이션(물가 상승)이 일어나기 쉽다는 뜻이며 이때 환율은 급락할 수 있다.

경제 성장을
결정짓는 세 가지 요소

부의
경제학
레슨 19

생산력은 어떻게,
얼마나 높아질 수 있을까?

지금까지 설명한 경제 분석 방법은 비교적 단기간의 흐름에 초점을 맞춘 것이다. 금리가 떨어지면 설비 투자가 늘어나고 GDP가 증가한다는 것은 경제의 단기적인 움직임을 나타내는 전형적인 패턴이다.

그러나 이런 모델로는 장기적인 성장의 원동력이 어디에 있는가는 설명할 수 없다. 그런 점에서 '경제 성장 이론'은 이런 장기적인 경제 성장에 대한 관점을 잘 보여준다.

인력을 늘릴 것인가, 설비를 늘릴 것인가?

경제학에서는 생산력을 결정하는 요소를 크게 세 가지로 나누어 설명한다.

하나는 자본(돈), 또 하나는 노동(인력), 마지막은 이노베이션(기술 혁신)이다. 극단적으로 표현하자면 많은 돈을 투입하고, 많은 사람들이 일하며, 거기에 기술 혁신이 더해지면 경제가 크게 성장한다.

하지만 돈이나 인력을 무턱대고 투입하기만 하면 되는 것이 아니다. 예를 들어 기업이 생산을 확대하고자 할 경우 인력을 늘릴 것인가, 설비를 늘릴 것인가를 선택해야 한다. 이때 설비를 두 배로 증강하면 생산량도 자동으로 두 배가 될까? 현실은 그렇지 않다(제품이 팔리지 않는 문제는 여기에서 다루지 않겠다). 설비를 늘려도 이를 움직일 인력이 부족하면 효과가 떨어질 수밖에 없다.

예를 들어 어떤 기업이 IT화를 시도한다고 해보자.

처음에는 직원 두 사람당 컴퓨터를 한 대씩 지급했는데, 추가로 설비 투자를 하여 한 사람당 한 대씩 사용할 수 있게 되었다. 이렇게 되면 직원들의 효율은 두 배로 늘어날 것이다.

그렇다면 여기서 더 투자하여 한 사람 컴퓨터를 두 대씩 보유하도록 한다면 어떨까? 직원들이 생산하는 제안서의 양이 더 많아지지는 않을 것이다. 기계도 사람이 움직이는 것이라서, 충분한 인력이 확보되어야 기계를 100퍼센트 활용할 수 있다. 즉, 인

력과 기계 모두를 적정 수준으로 투입해야 생산을 순조롭게 확
대할 수 있다.

마지막은 기술 혁신으로 결정된다

이 관계를 수식으로 나타낸 것이 생산함수다. 생산함수에는
여러 가지 패턴이 있지만 가장 많이 쓰이는 것은 콥-더글러스
함수(Cobb-Douglas production function)다.

$$Y(생산량)=AK^{(\alpha)}L^{(1-\alpha)}$$

이 식에서 K는 자본(설비 투자), L은 노동량, α는 자본분배율을
나타낸다.

자본분배율과 노동분배율(한 나라의 경제나 특정 사업, 기업에서
생산된 소득 중에서 노동에 분배되는 임금 등이 차지하는 비율-옮긴이)
은 대칭 관계에 있어서 (1-α)는 노동분배율을 나타낸다. 또한 A
는 기술 혁신 정도를 나타낸다.

이 식에 다양한 숫자를 적용해보면 자본을 늘리거나 인력을
점차 늘려갈 때, 처음에는 생산량이 늘어나지만 그 성장이 곧 둔
화되는 곡선을 그린다.

여기서 기술 혁신은 중요한 의미가 있다. 기술 혁신이 이루어

✧19✧

경제 성장은 세 가지 요소로 결정된다

경제 성장을 결정하는 3요소

자본	노동	기술 혁신
K	**L**	**TFP** (총요소 생산성)

수식으로 나타내면

$$Y_{(생산량)} = AK^{(\alpha)}L^{(1-\alpha)}$$

K 자본	**L** 노동량

A 기술 혁신 정도(상수)

α 자본분배율(상수)

경제 성장을 좌우하는 것은 기술 혁신이다.

지면 똑같은 기계를 더 적은 노동력으로 운용할 수 있다. 이때 자본을 투입해서 기계를 더 많이 구비하면 생산량은 비약적으로 증가한다. 따라서 최종적으로 경제 성장을 좌우하는 것은 기술 혁신이라 할 수 있다.

AI사회의 도래로 주가는 오를까?

AI(인공지능) 사회의 도래를 앞두고 그 파장을 예상하는 사람들이 많다. 특히 인공지능화된 사회에서 경제나 주가는 어떻게 될 것인지는 큰 관심을 모으고 있다.

경제 성장에 관한 기본적인 이론을 알면 사회의 인공지능화로 무슨 일이 일어날 것인지 어느 정도 예측해볼 수 있다.

생산력이 향상되면 수요도 따라갈까?

사회가 인공지능화되어 업무의 많은 부분이 AI 및 로봇으로 대체될 경우, 기업은 적극적으로 AI에 투자하는 한편 인력에 대한 의존도를 줄일 것이다. 기계는 사람보다 예측 가능성이나 정확도가 높고, 비용도 일정하기 때문이다.

그렇게 되면 경제 전체의 노동분배율이 뚜렷하게 저하되며, 반대로 자본분배율이 증가할 것이다. 이를 앞에서 설명한 생산 함수에 적용하면 노동분배율이 뚜렷하게 저하된 경우 생산력 그래프는 직선에 가까워진다. 다시 말해 로봇이나 AI에 추가로 투자하는 만큼 생산 확대로 직결되어 기업은 거의 무제한으로 생산량을 확대할 수 있다는 해석이 성립한다. 물론 현실적으로는 모든 노동을 AI로 대체할 수 없지만 이론상으로는 가능한 이야기다.

여기서 중요한 것은 수요다. 생산력이 무한해진다 하더라도 거기서 나온 제품이나 서비스를 구매하고 사용할 사람이 없으면 경제는 성장하지 않는다. 게다가 AI 경제에서는 노동 인력을 지금처럼 많이 고용하지 않을 것이다. 다시 말해 부가가치를 나누어가질 국민들의 수가 줄어든다는 의미다. 극단적으로 말하자면, AI에 투자한 투자자들만 배당 등의 이익을 얻게 될 것이다.

'부의 재분배'가 주가에 미치는 영향

소득을 얻는 국민이 줄어들면 이번에는 AI를 사용해서 생산한 제품이나 서비스를 구입할 사람이 사라진다. 즉, 수요가 단번에 감소한다.

일부 전문가들은 이런 상황을 예상하고, AI가 만들어내는 이윤을 어떠한 형태로든 국민에게 재분배하는 기능이 필요하다고 주장한다. 구체적으로는 기본소득제 등을 들 수 있다.

기본소득제도가 실현될 수 있을지는 모르겠지만, 만약에 AI가 만들어낸 부를 국민에게 재분배하는 기능이 갖추어진다면 국민 한 사람당 수요가 비약적으로 늘어날 것이다. 그렇게 되면 기존의 상식으로는 생각할 수 없었던 수준으로 수요와 공급이 확대되고 기업의 주가도 크게 상승할 수 있다.

주식 투자에서 AI의 영향은, 단기적으로는 인공지능화로 인력을 얼마나 삭감하고 이익을 올렸는가 하는 부분이 핵심이 된다. 하지만 인공지능화가 어느 정도 진행된 후에는 AI를 도입해서 인건비를 줄이는 것이 당연해진다. 이는 주가에도 물론 반영될 것이다. 따라서 중장기적으로는 국민 소득이 어떻게 움직일 것인가 하는 거시적인 영향이 더 커질 것이다.

인공지능화의 진전은 예상보다 빠를 수 있으므로 투자자들은 미리 마음의 준비를 해놓는 편이 현명할 것이다.

옮긴이 박재영

서경대학교 일어학과를 졸업했다. 어릴 때부터 출판, 번역 분야에 종사한 외할아버지 덕분에 자연
스럽게 책을 접하며 동양권 언어에 관심을 가졌다. 번역을 통해 새로운 지식을 알아가는 것에 재미
를 느껴 번역가의 길로 들어서게 되었다. 분야를 가리지 않는 강한 호기심으로 다양한 장르의 책을
번역, 소개하기 위해 힘쓰고 있다. 현재 번역 에이전시 엔터스코리아 출판기획 및 일본어 전문 번역
가로 활동하고 있다.

역서로는 《성공한 사람들은 왜 격무에도 스트레스가 없을까》《순식간에 호감도를 높이는 대화 기
술》《덴마크 사람은 왜 첫 월급으로 의자를 살까》《강아지 영양학 사전》 등이 있다.

경제학에서 건져 올리는 부의 기회

초판 1쇄 발행 2019년 12월 24일
지은이 가야 게이이치
펴낸이 정덕식, 김재현
펴낸곳 (주)센시오

출판등록 2009년 10월 14일 제300-2009-126호
주소 서울 은평구 진흥로67 (역촌동, 5층)
전화 02-734-0981
팩스 02-333-0081
메일 nagori2@gmail.com

책임편집 임성은
편집 이미순
경영지원 김미라
홍보마케팅 이종문
디자인 Design IF

ISBN 979-11-90356-14-5 03320

이 도서의 국립중앙도서관 출판예정도서목록(CIP)은 서지정보유통지원시스템 홈페이지(http://seoji.nl.go.kr)와
국가자료공동목록시스템(http://www.nl.go.kr/kolisnet)에서 이용하실 수 있습니다. (CIP제어번호 : CIP2019045544)

잘못된 책은 구입하신 곳에서 바꾸어드립니다.